文部科学省後援
実用フランス語技能検定試験

仏検公式ガイドブック
セレクション
４級・５級
（2019-2023）

フランス語教育振興協会編

公益財団法人 フランス語教育振興協会

音声について

本書の音声は、下記サイトより無料でダウンロード、およびストリーミングでお聴きいただけます。

https://stream.e-surugadai.com/books/isbn978-4-411-90317-4/

＊ご注意
・PC からでも、iPhone や Android のスマートフォンからでも音声を再生いただけます。
・音声は何度でもダウンロード・再生いただくことができます。
・当音声ファイルのデータにかかる著作権・その他の権利は公益財団法人フランス語教育振興協会（駿河台出版社）に帰属します。無断での複製・公衆送信・転載は禁止されています。

別売 CD について

無料音声ダウンロードと同じ内容の別売 CD（1 部 2,200 円税・送料込）をご用意しております。ご希望の方は、級・住所・連絡先を記入のうえ、仏検事務局まで現金書留をお送りください。

公益財団法人フランス語教育振興協会　仏検事務局
〒102-0073　千代田区九段北 1-8-1 九段 101 ビル 6F

ま え が き

　本書は 2013 年度から毎年刊行されている『年度版仏検公式ガイドブック』の別冊として、2019 年度〜2023 年度の実施問題からセレクトし、詳細な解説をほどこしたものです。

　APEF（公益財団法人フランス語教育振興協会）が実施する「実用フランス語技能検定試験」（略称「仏検」）は、フランス語を「読む」「書く」「聞く」「話す」という 4 つの技能に関して総合的に判定する試験として、1981 年という世界的に見ても早い時期からおこなわれています。

　4 級では、日常の基礎的なフランス語を理解し、読み、聞き取ることができるレベルへの到達を目指します。受験するための目安とされている標準学習時間は 100 時間程度です。大学の授業に置きかえると、週 2 回の授業であれば 1 年間、週 1 回であれば 2 年間程度の学習時間に相当します。初級の学習内容にほぼ等しい範囲の基礎的なフランス語力が問われます。

　5 級では、初歩的なフランス語を理解し、読み、聞き取ることができるレベルへの到達をめざします。受験するための目安とされている標準学習時間は 50 時間程度です。大学の授業に置きかえると、週 2 回の授業であれば半年間、週 1 回であれば 1 年間程度の学習時間に相当します。フランス語学習の最初のステップです。

　さて本書は、過去の問題例に対するきめ細かな説明を通して、初級レベルのフランス語の理解をさらに確実なものとし、フランス語能力を全体的に磨くのに役立てていただくことをめざしています。仏検突破のためのツールとしてのみならず、ふだんの学習の補助教材としても、本書をおおいに活用してください。

　なお、本書の監修は中川真知子が担当しています。

公益財団法人　フランス語教育振興協会

目　次

まえがき	3
4 級の内容と程度	6
5 級の内容と程度	7

4 級 ────────────────── 9

試験の概要	10
筆記試験	12
聞き取り試験	95

5 級 ────────────────── 129

試験の概要	130
筆記試験	132
聞き取り試験	199

仏検公式ガイドブックセレクション 4 級・5 級（2019-2023）

4 級の内容と程度

● 4 級のレベル

日常の基礎的なフランス語を理解し、読み、聞き、書くことができる。

標準学習時間：100 時間（大学で週 1 回の授業なら 2 年間、週 2 回の授業なら 1 年間の学習に相当）。

読　む：基礎的な文の構成と文意の理解。基礎的な対話の理解。

聞　く：基礎的な文の聞き分け、日常使われる基礎的な応答表現の理解、数の聞き取り。

文法知識：日常使われる基礎的な文を構成するのに必要な文法知識。動詞としては、直説法（現在、近接未来、近接過去、複合過去、半過去、単純未来）、命令法等。

語彙：約 960 語

● 試験形式

1 次試験のみ / 100 点満点

筆記試験　問題数 8 問、配点 66 点。マークシート方式。（45 分）

聞き取り試験　問題数 4 問、配点 34 点。マークシート方式。（15 分）

5級の内容と程度

● **5級のレベル**
　初歩的な日常的フランス語を理解し、読み、聞き、書くことができる。
標準学習時間：50時間（大学で週1回の授業なら1年間、週2回の授業なら半年間の学習に相当）。

読　む：初歩的な単文の構成と文意の理解、短い初歩的な対話の理解。
聞　く：初歩的な文の聞き分け、あいさつ等日常的な応答表現の理解、数の聞き取り。
文法知識：初歩的な日常表現の単文を構成するのに必要な文法的知識。動詞としては、直説法現在、近接未来、近接過去、命令法の範囲内。
語彙：約560語

● **試験形式**

　1次試験のみ / 100点満点
　　筆記試験　問題数7問、配点60点。マークシート方式。(30分)
　　聞き取り試験　問題数4問、配点40点。マークシート方式。(15分)

4級

試験の概要	10
筆記試験	12
聞き取り試験	95

仏検公式ガイドブックセレクション 4 級・5 級（2019-2023）

▥▥▥ 4 級の試験の概要

4 級の試験（100 点満点）は、筆記試験と聞き取り試験を合わせ、以下の 12 の大問から構成されています。

[筆記試験]（配点 66 点／試験時間 45 分）

1. 冠詞、前置詞＋冠詞（穴うめ・選択）
2. 代名詞（穴うめ・選択）
3. 対話文（仏文選択）
4. 動詞活用（穴うめ・選択）
5. 語順（語句の並べかえによる仏文完成・選択）
6. 前置詞（穴うめ・選択）
7. 短文（仏文に対応する絵の選択）
8. 会話文（内容一致・和文選択）

[聞き取り試験]（配点 34 点／試験時間約 15 分）

1. 短文（仏文に対応する絵の選択）
2. 応答文（仏文選択）
3. 数（マーク式による記入）
4. 会話文（内容一致・和文選択）

試験で問われる「文法知識」は、日常生活で用いられる基礎的な文を構成するのに必要なレベルの事項です。名詞を限定する**冠詞**（不定冠詞、定冠詞、部分冠詞）、**指示形容詞、所有形容詞**の形と基本的な用法だけでなく、名詞のかわりとなる代名詞の知識も必要となります。**人称代名詞（直接目的語、間接目的語、強勢形）、中性代名詞**および**指示代名詞**の使い分けや、基本的な**前置詞**の用法に慣れておきましょう。動詞の時制では**近接未来、近接過去、直説法（現在、複合過去、半過去、単純未来）、命令法**を中心とした活用形と用法が 4 級の範囲となります。

「読む」力では、日常的な場面を伝える文を理解したり、短い会話文の内容を読み取る力が問われます。「聞く」力では、日常生活で使われる簡単な

10

やりとりや平易な会話文の内容を聞き取る力がためされます。また5級と同じく数の聞き取りがあり、2桁の数が中心になります。

4級では、5級に出題されない代名詞（筆記 2）と前置詞（筆記 6）の問題があり、動詞の時制と活用形の範囲も広くなります。また対話文を完成する問題（筆記 3）では語彙力、表現力がためされます。とくに代名詞、前置詞の知識は、4級レベルをクリアするためのポイントの1つになります。語彙数は『仏検公式基本語辞典 3級・4級・5級 新訂版』（フランス語教育振興協会編、朝日出版社、2020)＊で選定されているように、5級レベルの560語に4級レベルではさらに400語が加わりますので、960語の語彙知識が求められています。

＊本文中では『仏検公式基本語辞典』と略し、例文を引用する際には辞典の見出し語を併記しています。

なお、合格の基準については、60％の得点率が目安になります。
各問題の配点については、以下の配点表をご参照ください。

配 点 表

筆記試験	1	2	3	4	5	6	7	8	小計	聞き取り	1	2	3	4	小計	計
	8点	10	8	10	10	8	6	6	66		8	8	8	10	34	100

発音の仮名表記については以下のようにしてあります。

1. 注意すべき個別の発音表記は、→ の右の [ ] のとおりです。

    [b] → [b ブ]　　　　　[v] → [v ヴ]　　　　　[l] → [l ル]

    [r] → [r る]　　　　　[ɔ̃] → [ɔ̃ オン]

2. リエゾンやアンシェヌマンが起きているところは、下線が引いてあります。

    trois heures [trwɑzœːr トロワズーる]
    douze heures [duzœːr ドゥズーる]

11

仏検公式ガイドブックセレクション 4 級・5 級 (2019-2023)

筆 記 試 験

1

　名詞と結びつく冠詞と指示形容詞・所有形容詞に関する問題です。

　4 つの問題文の空欄に、最も適切な冠詞（不定冠詞、定冠詞、部分冠詞、否定の冠詞 de）、または〈前置詞＋定冠詞〉の縮約形を、6 つある選択肢から選ぶ問題です。配点 8。

　冠詞には**不定冠詞 (un / une / des)**、**部分冠詞 (du / de la / de l')**、**定冠詞 (le / la / l' / les)** があります。それぞれの基本的な用法を理解しておくことが必要です。冠詞の使い方をまとめておきます。

不定冠詞 (un / une / des)

・不特定のものを示す。

・数えられる名詞について、「1 つの、いくつかの」、「1 人の、何人かの」の意を表わす。

　　　Il y a des fleurs dans le jardin.「庭に花々が咲いています」(17 秋)

部分冠詞 (du / de la / de l')

・不特定のものを示す。

・数えられない「ある程度の量の」「ある全体の一部分の」の意を表わす。

　　　Vous voulez du vin blanc ?「白ワインをいかがですか」

　　　（仏検公式基本語辞典 **vin**）

　　　Il y a du monde !「なんて人が多いんでしょう」

　　　（仏検公式基本語辞典 **monde**）

・抽象名詞につく。

　　　Tu as de la chance !「君は運がいいね」(22 秋)

定冠詞 (le / la / l' / les)

・説明や文脈で特定されたものを示す。

12

筆記試験 1

　　　Quel est le nom de ce légume ?「この野菜の名前は何ですか」(21 秋)
・ひとつしかないものを示す。
　　　la Terre「地球」(仏検公式基本語辞典 **terre**)
・あるものの種類全体(「～というもの」)を示す。
　　　Elle adore le café au lait.「彼女はカフェオレが大好きだ」(20 秋)

否定の冠詞 de

　不定冠詞と部分冠詞は、否定文のなかで de (d') になります。その名詞が動詞の直接目的語であり、名詞の数や量がゼロであることをその否定文が意味するとき、de を用います。
　　　Elles n'ont pas de chance.「彼女たちは運が悪い」(17 秋)
　　　Il n'y a plus de viande dans le frigo.「冷蔵庫にはもう肉がない」(23 春)

〈前置詞＋定冠詞〉の縮約形

　前置詞 à または de のあとに定冠詞 le あるいは les がくるとき、1 つの単語に変換されます。

　前置詞 à と定冠詞 le / les の縮約
　　　à + le → au
　　　à + les → aux
　ただし、la, l' は変化しません。
　　　à + la → à la
　　　à + l' → à l'

　前置詞 de と定冠詞 le / lcs の縮約
　　　de + le → du
　　　de + les → des
　ただし、la, l' は変化しません。
　　　de + la → de la
　　　de + l' → de l'

　前置詞 à と de にはさまざまな意味があり、したがっていろいろな文で用いられます。

13

仏検公式ガイドブックセレクション 4 級・5 級（2019-2023）

Je vais aux toilettes. 「私はトイレに行く」（18 春）

Il a mal aux dents. 「彼は歯が痛い」（15 秋）

Une tarte aux pommes, s'il vous plaît. 「リンゴのタルトを 1 つ、お願いします」（21 秋）

Il joue bien du piano. 「彼はピアノをじょうずにひく」（14 秋）

Il vient de rentrer des États-Unis. 「彼はアメリカからもどったところだ」（14 秋）

筆記試験 1

練習問題 1

次の(1)〜(4)の（　　）内に入れるのにもっとも適切なものを、下の①
〜⑥のなかから 1 つずつ選び、解答欄のその番号にマークしてください。
ただし、同じものを複数回用いることはできません。

(1) C'est (　　　) nouvelle gare.

(2) Les fleurs sont très belles (　　　) printemps.

(3) Marion a (　　　) yeux noirs.

(4) Tu as (　　　) argent ?

　　　　　① au　　　　　② de l'　　　　③ du
　　　　　④ le　　　　　⑤ les　　　　　⑥ une　　　（19 春）

解説

(1) C'est (une) nouvelle gare.「これ（それ、あれ）は新しい駅です」

名詞 gare「駅」は単数形です。その gare につく形容詞 nouvelle「新しい」
は女性形（男性単数形は nouveau）ですから、gare が女性名詞であることが
わかります。さて nouvelle gare の前には冠詞が必要です。この駅がすでに
対話者の間で話題になっており、どの駅かが特定化されているときは、定冠
詞をともないますが、初めて話題になるときは、不定冠詞「ある、ひとつの」
がつきます。選択肢から、不定冠詞を探すと女性単数の名詞につく⑥ une し
かありません。正解は⑥ une です。

(2) Les fleurs sont très belles (au) printemps.「春には、花々がとても美しい」

季節を表わす名詞はすべて男性名詞ですが、「〜（の季節）で」を表現す
るときに、母音で始まる été「夏」、automne「秋」、hiver「冬」は前置詞 en を、
子音で始まる printemps「春」は、前置詞 à と定冠詞 le の縮約形 au をとも

15

ないます。Au Japon, il fait très chaud en été.「日本では、夏はとても暑い」（『仏検公式基本語辞典』**été**）、En hiver, ce village est sous la neige.「冬にはその村は雪に埋もれる」（『仏検公式基本語辞典』**hiver**）などがその例です。正解は① au です。

⑶　Marion a (les) yeux noirs.「マリオンは黒い目をしている」

　名詞 yeux「目」は、それにつく形容詞 noirs「黒い」の形から、複数の男性名詞であることがわかります。なお yeux[jø ィユー] の単数形は œil[œj ウィユ] です。発音もつづりも変わりますので注意してください。さて、「目」のように身体の一部を表わす名詞に色を表わす形容詞などがついて、その人物の特徴として特定化されるときには、定冠詞がつきます。「目」はふつう複数で用いますので、この場合は複数の男性名詞につく定冠詞 les となります。正解は⑤ les です。

⑷　Tu as (de l') argent ?「きみ、お金あるかい」

　名詞 argent「お金」が、このように avoir「もつ」の直接目的語になって「いくらかのお金」という不特定の量を表わす場合には、部分冠詞をともないます。選択肢に部分冠詞をさがすと② de l' と③ du があります。du は、たとえば du fromage「チーズ」のように、男性名詞でも子音で始まる語につきます。argent は男性名詞ですが、母音で始まる語なので、de l' という形の部分冠詞になります。ちなみに女性名詞につく部分冠詞も、子音で始まる語の前では de la ですが、母音で始まる語の前では de l' となります。たとえば、「水」は de l'eau です。Donnez-moi de l'eau, s'il vous plaît.「私に水をください」（『仏検公式基本語辞典』**eau**）といった例があげられます。正解は②de l' です。

解答　⑴ ⑥　　⑵ ①　　⑶ ⑤　　⑷ ②

筆記試験 1

練習問題2

　次の(1)〜(4)の（　　）内に入れるのにもっとも適切なものを、下の①〜⑥のなかから1つずつ選び、解答欄のその番号にマークしてください。ただし、同じものを複数回用いることはできません。

(1) Elle a (　　　　) joli appartement près d'ici.

(2) Il n'y a plus (　　　　) lait.

(3) Moi, je préfère (　　　　) cuisine japonaise.

(4) Ses parents habitent (　　　　) États-Unis.

① aux	② de	③ des
④ du	⑤ la	⑥ un

(19 秋)

解説

(1)　Elle a (un) joli appartement près d'ici.「彼女はこの近くにすてきなマンションを持っている」

　名詞 appartement「マンション」を修飾する形容詞 joli「すてきな」の語尾に、女性を表わす e も、複数を表わす s もないことから、appartement が単数の男性名詞だと判断できます。さて、名詞 appartement には冠詞が必要です。このマンションがすでに対話者の間で話題になっており、特定化されているときは定冠詞をともないますが、初めて話題になるような場合には、不定冠詞「ある、ひとつの」がつきます。選択肢から、不定冠詞をさがすと単数の男性名詞につく un しかありません。正解は⑥ un になります。

(2)　Il n'y a plus (de) lait.「もう牛乳がない」

　問題文は il y a「〜がある」という非人称の構文ですが、ne ... plus「もう〜ない」を用いた否定の表現になっています。かりに「まだ牛乳があります」

17

という肯定文であれば、「ある程度の量」を示す部分冠詞を名詞につけて Il y a encore du lait. となります。この文が否定文になると、「ある程度の量」ではなく、量はゼロであるということで、部分冠詞の du が de に変わりますので注意してください。直接目的語についた不定冠詞や部分冠詞は、否定文では量がゼロであることを表わす de になるという規則を思い出しましょう。なお、il y a の構文は、〈非人称主語 il ＋場所を表わす y ＋動詞 avoir ＋直接目的語〉「何か非人称のものがそこに〜を持つ → そこに〜がある」という形をとります。正解は ② de です。

⑶ Moi, je préfère (la) cuisine japonaise.「私は、日本料理のほうが好きだ」

　　ここで cuisine japonaise「日本料理」は、ひとつの種類の全体としてとらえられている（「日本料理というもの」）ので、定冠詞をともないます。この設問文の préférer「〜のほうを好む」や aimer「〜を好む」といった動詞の目的語は種類の全体を表わすことが多く、その場合には定冠詞がつきます。たとえば J'aime la musique française.「私はフランス音楽が好きだ」（『仏検公式基本語辞典』**aimer**）などがその例です。また cuisine のあとにくる形容詞 japonaise は、語尾の e からもわかるように女性の単数形ですから、cuisine が単数の女性名詞であると判断できます。したがって空欄に入るのは、単数の女性名詞につく定冠詞 la です。正解は⑤ la です。

⑷ Ses parents habitent (aux) États-Unis.「彼の（彼女の）両親はアメリカに住んでいる」

　　本設問文では「住む」という意味の動詞 habiter が、「〜に」という場所を示す前置詞 à とともに habiter à「〜に住む」の形で用いられています。この à のあとに les États-Unis「アメリカ合衆国」がつづくと、前置詞 à と複数名詞につく定冠詞 les が縮約されて aux になります。正解は① aux です。

　　なお、「〜の国に」という場合、一般に男性名詞の国名もしくは複数形で表わされる国名であれば前置詞 à と定冠詞（le または les）の縮約形（au または aux）を用いますが、女性名詞の国名の場合は前置詞 en を用い、定冠詞は省略されます。次の2つのケースを区別しておきましょう。

　　　　Nous faisons un voyage au Japon.「私たちは日本に旅行に行きます」
　　　　（Japon は男性名詞、『仏検公式基本語辞典』**Japon**）
　　　　J'habite en France.「私はフランスに住んでいる」（France は女性名詞）

筆記試験 1

解 答　(1) ⑥　　(2) ②　　(3) ⑤　　(4) ①

19

仏検公式ガイドブックセレクション 4 級・5 級 (2019-2023)

練習問題 3

次の(1)～(4)の (　　) 内に入れるのにもっとも適切なものを、下の①
～⑥のなかから 1 つずつ選び、解答欄のその番号にマークしてください。
ただし、同じものを複数回用いることはできません。

(1) Il porte toujours (　　　) lunettes noires.

(2) Il y a (　　　) monde dans la rue.

(3) Où est (　　　) station la plus proche ?

(4) Son appartement est (　　　) premier étage.

① au 　　　② des 　　　③ du
④ la 　　　⑤ le 　　　⑥ une 　　　(22 春)

解 説

(1) Il porte toujours (des) lunettes noires. 「彼はいつも黒いめがねをかけて
いる」

　名詞 lunettes「めがね」は複数名詞で、それについている形容詞 noires「黒
い」の形から、女性名詞であることがわかります。めがねが特定されていれ
ば定冠詞 les が、特定されていなければ不定冠詞 des が入ります。この問題
文では特定されていませんし、そもそも複数形の冠詞は、選択肢に des しか
ありません。正解は② des です。

　なお、「めがね」はレンズがふたつあることから、つねに複数で使われます。
同様に chaussures「靴」、gants「手袋」もふつうは複数で使いますから、ま
とめて覚えておきましょう。

(2) Il y a (du) monde dans la rue. 「通りに多くの人がいます」
　il y a「～がある、～がいる」の構文では、il y a につづく名詞にはふつう

20

筆記試験 1

不定冠詞または部分冠詞がつきます。monde が「世界」の意味で使われる場合には、定冠詞がつきますが、dans la rue「通りに」とあるので、ここでは別の意味で使われていることがわかります。monde には「世界」のほかに、「人々」という意味があり、「不特定多数の人々」を表わすときは、部分冠詞をともないます。正解は③ du です。

⑶　Où est (la) station la plus proche ?「最寄りの地下鉄の駅はどこですか」
　名詞 station には優等最上級の形容詞 la plus proche「もっとも近い」がついており、名詞が特定化されていることから、定冠詞が入ることがわかります。名詞が女性であることは、最上級を作っている定冠詞の形から明らかですから、定冠詞 la が正解になります。正解は④ la です。

⑷　Son appartement est (au) premier étage.「彼（女）のアパルトマンは 2 階にあります」
　étage「階」には premier「1 番目の」という形容詞がついていますから、男性名詞単数であること、そして特定されているので定冠詞が入ることがわかります。また être à ...「～にある」の表現がつかめれば、前置詞 à と定冠詞男性単数の le が縮約されて au になることがわかるでしょう。正解は① au です。なお、フランスでは 2 階から階数を数え始めるので、日本の数え方とひとつずつずれることになります。「1 階」は rez-de-chaussée（男性名詞）と言いますから、合わせて覚えておきましょう。

解　答　⑴ ②　　⑵ ③　　⑶ ④　　⑷ ①

21

仏検公式ガイドブックセレクション4級・5級（2019-2023）

2

　5つの対話文の空欄に正しい代名詞をそれぞれ提示されている3つの選択肢のなかから選ぶ問題です。配点10。

　フランス語では同じ名詞を繰り返し使うことはなるべく避けます。そのためにいろいろな種類の代名詞が用意されています。4級レベルでは、人称代名詞（直接目的語、間接目的語、強勢形）、中性代名詞、指示代名詞の基本的な用法が出題されています。

　出題される代名詞の形と用法を確認しておきましょう。

人称代名詞

主語	je (j')	tu	il	elle	nous	vous	ils	elles
直接目的語	me (m')	te (t')	le (l')	la (l')	nous	vous	les	
間接目的語	me (m')	te (t')	lui		nous	vous	leur	
強勢形	moi	toi	lui	elle	nous	vous	eux	elles

主語人称代名詞 on

・「私たちは」「人は、人々は」の意味で用いる。

・動詞は3人称単数 il / elle と同じ活用形になる。

直接目的語の人称代名詞

　me (m') 私を / te (t') 君を / le (l') 彼を、それを / la (l') 彼女を、それを / nous 私たちを / vous あなた（方）を、君たちを / les 彼（女）らを、それらを

・動詞（être を除く）のあとに**直接つづく名詞（直接目的語と呼ぶ）**のかわりとなり、動詞の前に置く。

　〈動詞＋名詞（直接目的語）〉 ➡ 〈直接目的語の人称代名詞＋動詞〉

間接目的語の人称代名詞

　me (m') 私に / te (t') 君に / lui 彼（女）に / nous 私たちに / vous あなた（方）に、君たちに / leur 彼（女）らに

筆記試験 2

・動詞（être を除く）のあとに**前置詞 à を介してつづく名詞（間接目的語と**
呼ぶ）が人を表わすとき、この名詞のかわりとなる。**動詞の前に置く。**
〈動詞 + à 名詞（間接目的語）〉➡〈間接目的語の人称代名詞 + 動詞〉

強勢形の人称代名詞

moi 私 / toi 君 / lui 彼 / elle 彼女 / nous 私たち / vous あなた（方）、君た
ち / eux 彼ら / elles 彼女たち

❶ 主語の強調　　　　　　　**Moi**, je suis japonaise.「私は、日本人です」
❷ 前置詞のあと　　　　　　Je vais avec **toi**.「私は君といっしょに行きます」
❸ C'est の表現のあと　　　 C'est **moi**.「それは私です」
❹ Et のあと　　　　　　　 Ma mère et **moi**, nous aimons le thé.
　　　　　　　　　　　　　「母とぼくは紅茶が好き」
❺ 比較の que のあと　　　 Je suis plus grand que **lui**.「ぼくは彼より背が高い」
❻ 主語にかわる　　　　　　**Moi** aussi.「私もそう」
　　　　　　　　　　　　　Moi non plus.「私もそうではない」
　　　　　　　　　　　　　Je fais du tennis, et toi ? — Pas **moi**.
　　　　　　　　　　　　　「私はテニスをするの、君は？　―ぼくはしないよ」

中性代名詞 en

❶ 〈不定冠詞複数 des + 名詞〉にかわる。
❷ 〈部分冠詞 + 名詞〉にかわる。
❸ 〈否定の de / 前置詞 de + 名詞〉にかわる。
❹ 〈数詞（un、une、deux ...）/ 数量表現（beaucoup de...）+ 名詞〉は〈en ... 数
　詞（un、une、deux ...）/ beaucoup...〉にかわる。
＊動詞の前に置く。

中性代名詞 y

❶ 〈場所を示す前置詞（à、dans、chez、en、sur ...）+ 名詞〉にかわる。
❷ 〈前置詞 à + 名詞（人以外のものや事がら）〉にかわる。
＊動詞の前に置く。

23

仏検公式ガイドブックセレクション4級・5級（2019-2023）

指示代名詞

celui（男・単）	celle（女・単）	ceux（男・複）	celles（女・複）

❶ 既出の名詞のかわりになる。de や関係代名詞などを介して説明をくわえる。

❷ 既出の名詞のかわりになる。-ci、-là をつけて 2 つを区別する。

＊単独では用いない。

　代名詞を使い分けるには以上の**規則**を正確に知ったうえで、**名詞につく冠詞や前置詞に注意**し、**名詞が文のなかでどのように機能しているか**をつかむことが大切です。

筆記試験 2

練習問題 1

次の対話(1)〜(5)の（　　）内に入れるのにもっとも適切なものを、それぞれ①〜③のなかから1つずつ選び、解答欄のその番号にマークしてください。

(1) — Je n'aime pas ce chanteur.
　　 — (　　　　) non plus.
　　　　① Je　　　　　② Me　　　　　③ Moi

(2) — Qu'est-ce que tu montres à Julien ?
　　 — Je (　　　　) montre les photos de mon voyage.
　　　　① leur　　　　② lui　　　　　③ te

(3) — Tu connais cet élève ?
　　 — Non, je ne (　　　　) connais pas.
　　　　① la　　　　　② le　　　　　③ les

(4) — Tu prends quel avion ?
　　 — Je prends (　　　　) de dix heures.
　　　　① celle　　　　② celui　　　　③ ceux

(5) — Vous avez déjà visité la France ?
　　 — Non, mais je voudrais (　　　　) aller.
　　　　① en　　　　　② lui　　　　　③ y　　　　　(19 秋)

解 説

(1) — Je n'aime pas ce chanteur. 「私はこの歌手が好きではない」 — (Moi)
non plus. 「私も（好きではない）」

25

仏検公式ガイドブックセレクション 4 級・5 級（2019-2023）

人称代名詞の強勢形が問われています。応答文の Moi non plus. は、Je n'aime pas ce chanteur non plus.「私もこの歌手が好きではない」という文の主語 je を強勢形 moi を用いて強調した文 Moi non plus, je n'aime pas ce chanteur. がもとになっています。つまり、そこから je n'aime pas ce chanteur を省略した形なのです。

選択肢の① Je「私は」は主語の人称代名詞なので、動詞を省略することはできません。② Me「私を、私に」は直接目的または間接目的の人称代名詞で、やはり動詞とともに用いられます。動詞と切り離して用いることができるのは強勢形のみです。したがって正解は、③ Moi「私」です。

この場合、もし最初の発話が J'aime ce chanteur.「私はこの歌手が好きだ」という肯定文であれば、その応答は、Moi aussi (, j'aime ce chanteur).「私も」となり、やはり強勢形が使われます。Moi aussi.「私も（～だ）」と Moi non plus.「私も（～ない）」はペアにして覚えておきましょう。Moi aussi, j'aime beaucoup le tennis.「私もテニスが大好きです」（『仏検公式基本語辞典』**aussi**）、Je ne suis pas français. —Moi, non plus.「私はフランス人ではありません。—私もちがいます」（『仏検公式基本語辞典』**plus**）などの例も参考になります。

なお、人称代名詞の強勢形は、主語や目的語の強調のほか、前置詞のあと、C'est の表現のあと、比較の対象をみちびく que のあとなどにも用いられますので、p. 23 にあげた用法を確認しておいてください。

⑵　— Qu'est-ce que tu montres à Julien ?「ジュリアンに何を見せるの」— Je (lui) montre les photos de mon voyage.「旅行の写真だよ（←私は彼に私の旅行の写真を見せる）」

設問文中の動詞 montrer「見せる」は donner「あたえる」などと同じように、「～を（直接目的語）～に（間接目的語）」という文型で用いられます。Montrez-moi les photos de votre voyage.「あなたの旅行の写真を私に見せてください」（『仏検公式基本語辞典』**montrer**）などの例があります。

この応答文では les photos「写真」が直接目的語ですから、必然的に空欄は間接目的語になります。à Julien「ジュリアンに」（3 人称単数の間接目的語）をうける人称代名詞が求められる解答となります。正解は② lui「彼に」です。① leur「彼らに」（3 人称複数の間接目的語）、③ te「君に、君を」（2 人称単数の間接目的語あるいは直接目的語）も人称代名詞ですが、いずれも

26

筆記試験 ②

不適切です。

(3) ── Tu connais cet élève ?「君はあの生徒を知っている？」── Non, je ne (le) connais pas.「いや、知らない（←いや、私は彼を知らない）」

　応答文の空欄に入るのは élève「生徒」をうける人称代名詞で、動詞 connaître「知っている」の直接目的語になります。このとき、élève の前に置かれた指示形容詞 cet がヒントになります。指示形容詞は、子音で始まる単数の男性名詞なら ce に、単数の女性名詞なら cette に、男女にかかわらず複数の名詞ならば ces になります。cet になるのは、母音で始まる単数の男性名詞の前につくときです。そこから、élève が単数の男性名詞であることがわかります。したがって選択肢② le「彼を」が正解になります。① la は直接目的の人称代名詞ですが、単数の女性名詞をうけます。また③ les も直接目的の人称代名詞ですが、複数の名詞をうけます。

(4) ── Tu prends quel avion ?「君はどの飛行機に乗るの」── Je prends (celui) de dix heures.「10 時（発）の飛行機だよ」

　質問文中の avion「飛行機」の繰り返しを避けるために、応答文ではそれにかわる指示代名詞が用いられています。選択肢① celle は単数の女性名詞、② celui は単数の男性名詞、③ ceux は複数の男性名詞をうける指示代名詞です。avion はそれにつく疑問形容詞 quel の形からも単数の男性名詞であることがわかりますから、② celui が正解です。なお、代名詞のあとになんらかの限定がくる場合（この応答文では、de dix heures「～10 時の」）にこのタイプの指示代名詞が使われます。

(5) ── Vous avez déjà visité la France ?「あなたはフランスを訪れたことがありますか」── Non, mais je voudrais (y) aller.「いいえ、でも（フランスに）行きたいなと思っています」

　応答文は、問いの文の la France「フランス」をうけて、そこに行きたいと答えているのですから、空欄には「フランスに」en France という場所を示す前置詞句に置きかわる中性代名詞が入ります。選択肢③ y が正解です。y は〈場所を示す前置詞＋名詞〉のほか、〈à ＋名詞（もの）〉をうけることもできます。

　選択肢① en は、不特定な名詞を直接目的語としてうけたり、あるいは〈de ＋名詞（もの）〉のかわりに用いる中性代名詞、② lui は、3 人称単数の人称

27

仏検公式ガイドブックセレクション 4 級・5 級（2019-2023）

代名詞（間接目的語）「彼に、彼女に」、あるいは人称代名詞強勢形（3 人称単数で男性）「彼」ですが、いずれもここでは意味をなしません。

　なお、voudrais は vouloir「〜が欲しい、〜したい」の条件法現在の活用形で、願望をていねいに表わします。条件法は基本的に 3 級以上の学習事項ですが、〈je voudrais ＋名詞〉「〜が欲しいのですが」や〈je voudrais ＋不定詞〉「〜したいのですが」は日常でもよく用いられます。4 級でも覚えておくべき重要な表現です。

解答　(1) ③　　(2) ②　　(3) ②　　(4) ②　　(5) ③

28

筆記試験 2

練習問題 2

次の対話(1)〜(5)の（　　）内に入れるのにもっとも適切なものを、それぞれ①〜③のなかから1つずつ選び、解答欄のその番号にマークしてください。

(1) ― Amélie a des enfants ?
　　― Oui, elle (　　　) a trois.
　　　① en　　　　　② lui　　　　　③ y

(2) ― Ma mère est invitée, mais elle ne peut pas venir.
　　― Alors, dites-(　　　) bonjour pour moi.
　　　① la　　　　　② lui　　　　　③ y

(3) ― Pauline et Paul ne sont pas là ?
　　― Non, ils sont déjà rentrés chez (　　　).
　　　① eux　　　　② ils　　　　　③ leur

(4) ― Préférez-vous ces chaussures-ci, monsieur ?
　　― Non, je voudrais essayer (　　　)-là, s'il vous plaît.
　　　① celle　　　② celles　　　③ celui

(5) ― Quand ouvrez-vous ces bouteilles de vin ?
　　― Nous allons (　　　) boire ce soir.
　　　① la　　　　　② le　　　　　③ les　　　　（23 春）

解説

(1) ― Amélie a des enfants ?「アメリにはお子さんがいますか」― Oui,

仏検公式ガイドブックセレクション4級・5級（2019-2023）

elle (en) a trois.「はい、3人います」

　質問文中の des enfants を繰り返さないために、どのような代名詞を使うのかが問われています。部分冠詞や不定冠詞のついた名詞、あるいは数詞や数量表現をともなう名詞を、直接目的語として代名詞でうけるときには、中性代名詞の en を用います。なお、数量表現には、beaucoup de...「たくさんの〜」や un kilo de...「1キログラムの〜」などがあります。正解は① en です。

⑵　— Ma mère est invitée, mais elle ne peut pas venir.「母は招待されていますが、来られません」— Alors, dites-(lui) bonjour pour moi.「それじゃあ、私にかわって彼女によろしくお伝えください」

　応答文では dire bonjour à...「〜にあいさつする」という表現が命令形で「よろしく言ってください」という意味で用いられています。Dites bonjour à votre mère. ということですから、〈à + 人〉にかわる、3人称単数の間接目的語の人称代名詞 lui を選びます。正解は② lui です。

　選択肢① la は直接目的語の単数女性名詞をうける人称代名詞、③ y は〈àもしくは場所を表わす前置詞＋場所〉あるいは〈à + もの〉をうける中性代名詞ですから、どちらもここでは使えません。

⑶　— Pauline et Paul ne sont pas là ?「ポリーヌとポールはいないの？」— Non, ils sont déjà rentrés chez (eux).「いないよ、彼らはすでに家に帰った」

　chez...「〜の家に」という前置詞のあとにつづく代名詞が問われています。前置詞のうしろに置かれる代名詞は、強勢形になります。正解は① eux です。発音する場合には chez eux[ʃezø シェズ] となることにも注意しましょう。

　前置詞のうしろに置かれる人称代名詞の強勢形の例として、Ce livre est à toi ?「この本は君のですか」（『仏検公式基本語辞典』**à**）、Tenez, un cadeau pour vous.「どうぞ、あなたへのプレゼントです」（『仏検公式基本語辞典』**pour**）などもあげられます。

　なお 練習問題1 ⑴に出てきた通り、人称代名詞の強勢形には、主語のかわり（Moi aussi.「私も〜だ」）、C'est のあと（C'est moi.「それは私です」『仏検公式基本語辞典』**moi**）、比較の対象をみちびく que のあとに置かれるなどという用法もあるので、p. 23 にあげた用法を合わせて確認しておきましょう。

30

筆記試験 2

⑷ — Préférez-vous ces chaussures-ci, monsieur ?「こちらの靴がお好みで
すか、（ムッシュー）」— Non, je voudrais essayer (celles)-là, s'il vous plaît.
「いや、あちらの（靴）をためしに履いてみたいです、お願いします」

　指示代名詞の問題です。応答文は、Je voudrais essayer ces chaussures-là.
ということですから、指示代名詞は、ces chaussures「この靴」つまり女性
名詞の複数形をうける celles が入ります。正解は ② celles です。

　なお、選択肢① celle は女性名詞の単数形、③ celui は男性名詞の単数形を
うける指示代名詞です。

⑸ — Quand ouvrez-vous ces bouteilles de vin ?「あなたたちはこれらの
ワインのボトルを、いつ開けるのですか」— Nous allons (les) boire ce soir.
「私たちはそれらを今夜飲みます」

　応答文の空欄に入るのは、ces bouteilles de vin「これらのワインのボト
ル」をうけ、動詞 boire の直接目的語となる人称代名詞です。複数形の名詞
なので、これに相当するのは、3人称複数の直接目的語の人称代名詞 les で
す。正解は ③ les です。

　なお① la は3人称単数女性・直接目的語の人称代名詞、② le は3人称単
数男性・直接目的語の人称代名詞です。

解答　(1) ①　　(2) ②　　(3) ①　　(4) ②　　(5) ③

31

仏検公式ガイドブックセレクション 4 級・5 級 (2019-2023)

練習問題 3

次の対話(1)〜(5)の（　　）内に入れるのにもっとも適切なものを、それぞれ①〜③のなかから 1 つずつ選び、解答欄のその番号にマークしてください。

(1) — Avez-vous envoyé une lettre à vos parents ?
　　— Une lettre ? Non, mais je (　　　) ai envoyé une carte.
　　① les　　　　　② leur　　　　　③ lui

(2) — Ce stylo est à vous ?
　　— Non, c'est (　　　) de Nathan.
　　① celle　　　　② celui　　　　③ ceux

(3) — J'adore tes photos !
　　— Je vais (　　　) montrer à mes amis.
　　① la　　　　　② le　　　　　　③ les

(4) — Ma fille n'aime pas beaucoup la viande. Et ton fils ?
　　— (　　　) non plus. Il préfère le poisson.
　　① Il　　　　　② Le　　　　　③ Lui

(5) — Pense-t-il à ses examens ?
　　— Oui, il (　　　) pense toujours.
　　① en　　　　　② les　　　　　③ y　　　　(23 秋)

筆記試験 2

解 説

(1) ― Avez-vous envoyé une lettre à vos parents ?「ご両親に手紙を送りましたか」― Une lettre ? Non, mais je (leur) ai envoyé une carte.「手紙ですか、いいえ、でも彼らに葉書を送りました」

応答文には直接目的語の une carte がすでにあるので、選択肢① les「彼らを、彼女らを、それらを」は排除できます。残りの選択肢、② leur「彼らに、彼女らに」と③ lui「彼に、彼女に」はどちらも間接目的語の人称代名詞です。vos parents「あなたの両親」について問われているので、応答文では、話し手自身の両親すなわち mes parents「私の両親」が話題になっています。③ lui では対話が成立しません。正解は② leur です。

(2) ― Ce stylo est à vous ?「この万年筆（ボールペン）はあなたのですか」― Non, c'est (celui) de Nathan.「いいえ、ナタンのです」

指示代名詞の問題です。応答文に名詞を用いると Non, c'est le stylo de Nathan. となり、指示代名詞が置きかわるのは le stylo「万年筆（ボールペン）」です。単数名詞であり、指示形容詞 ce の形から、男性名詞であることがわかります（女性名詞の単数形ならば cette となるはずです）。つまり指示代名詞の形も単数の男性名詞をうける celui が入ります。正解は② celui です。

なお① celle は単数の女性名詞を、③ ceux は複数の男性名詞をうけます。さらに複数の女性名詞ならば celles となります。また問いの文には〈être à ＋人〉の形で「～のもの」という所属を表わす表現が用いられていて、この vous はもちろん強勢形です。

(3) ― J'adore tes photos !「あなたの写真、大好き」― Je vais (les) montrer à mes amis.「友だちに見せるつもり」

直接目的語の人称代名詞の問題です。 **練習問題 1** (2)と同じく、〈montrer＋もの＋à＋人〉「人にものを見せる」という表現が使われています。応答文に à mes amis「私の友だちに」という間接目的語があるので、空欄に入るのは、直接目的語ということになります。見せるものは「私の写真」ですから、「それらを」という直接目的語の人称代名詞をさがします。選択肢① la は単数女性名詞、② le は単数男性名詞ですからともに排除されます。③ les は複数名詞に対応します。正解は③です。

(4) ― Ma fille n'aime pas beaucoup la viande. Et ton fils ?「娘はあまり肉

33

仏検公式ガイドブックセレクション 4 級・5 級（2019-2023）

が好きではないの。息子さんはどう？」— (Lui) non plus. Il préfère le poisson.「彼もよ。魚のほうが好きね」

　肯定文では ...aussi「〜もまた」、否定文では ...non plus「〜も〜でない」となるこれらの語句は、強勢形人称代名詞とともに使われます。選択肢① Il は主語、② Le「彼を、それを」は直接目的語ですからともに排除されます。正解は、③ Lui です。Lui は同じ形で間接目的語にも強勢形にもなりますが、ここでは強勢形で、 練習問題 1 (1)で出てきた Moi aussi / Moi non plus という表現の、主語が il になったパターンです。

⑸　— Pense-t-il à ses examens ?「彼は試験のことを考えているの？」— Oui, il (y) pense toujours.「はい、いつもそのことを考えています」

　応答文に名詞を用いると Oui, il pense toujours à ses examens.「はい、彼はいつも試験のことを考えています」となります。したがって、〈à ＋ 名詞（不定詞）〉に置きかわる中性代名詞 y が入ります。正解は③ y です。選択肢① en も中性代名詞ですが、こちらは〈de ＋ 名詞（不定詞）〉にかわります。

　なお、penser à...「〜のことを考える」は、〈penser à ＋ もの〉の場合にはこのように〈à ＋ もの〉を y でうけることができますが、〈penser à ＋ 人〉の場合は、y ではうけずに、〈à ＋ 強勢形人称代名詞〉となりますから、整理しておきましょう。Je pense à toi.「君のことを思っているよ」などの例があります。これは penser という動詞の特徴で、〈à ＋ 人〉であっても間接目的語の人称代名詞ではなく、例外的に強勢形を用います。

　 解答 　(1) ②　　(2) ②　　(3) ③　　(4) ③　　(5) ③

筆記試験 3

3

　AとBの対話でBの発話文の部分が下線になっています。3つの選択肢のなかからBの発話文としてもっとも適切なものを選択して、AとBの対話を成立させる問題です。配点8。

　体調について尋ねられたり、招待をうけたときの諾否の返事、道を尋ねたり、道案内に答えたり、電話でのやりとり、お店や駅の窓口での応答、レストランでの注文など、日常のさまざまな場面での基本的な受け答えの力がためされます。

35

仏検公式ガイドブックセレクション 4 級・5 級（2019-2023）

練習問題 1

次の(1)〜(4)の **A** と **B** の対話を完成させてください。**B** の下線部に入れるのにもっとも適切なものを、それぞれ①〜③のなかから 1 つずつ選び、解答欄のその番号にマークしてください。

(1) **A** : Marine, tu es prête ?

    B : ＿＿＿＿＿＿＿＿＿＿＿＿＿＿＿＿＿＿

    A : Dépêche-toi, le train va bientôt partir.

      ① Je suis déjà partie.

      ② Oui, je t'attends depuis une heure.

      ③ Pas encore !

(2) **A** : Quel beau temps !

    B : ＿＿＿＿＿＿＿＿＿＿＿＿＿＿＿＿＿＿

    A : Oui, allons à la campagne !

      ① Non, il est minuit.

      ② On sort ?

      ③ On va se promener en ville ?

(3) **A** : Qu'est-ce que vous allez faire cet après-midi ?

    B : ＿＿＿＿＿＿＿＿＿＿＿＿＿＿＿＿＿＿

    A : Qu'est-ce que vous voulez acheter ?

      ① Nous allons faire des courses.

      ② Nous restons à la maison.

      ③ Nous sommes allés au concert.

筆記試験 ③

⑷ **A**： Romain est déjà rentré d'Italie ?

 B： _____

 A： On va dîner avec lui jeudi ?

   ① Non. Il arrivera mercredi soir.

   ② Non. Il est à New York toute la semaine.

   ③ Oui. Mais il est malade.　　　　　　(19 秋)

解 説

⑴　**A** が、Marine, tu es prête ?「マリーヌ、準備できた？」と尋ねています。それに対する **B** の応答として、① Je suis déjà partie.「私はすでに出発した」は、文脈にそぐわないため不可能です。② Oui, je t'attends depuis une heure.「ええ、1 時間前からあなたを待ってる」は可能です。③ Pas encore !「まだ（できていない）」も可能です。**B** の応答に **A** は、Dépêche-toi, le train va bientôt partir.「急いで。列車がまもなく出るよ」といっているのですから、②は排除されます。正解は③ Pas encore ! です。

⑵　**A** が、Quel beau temps !「なんていいお天気なんだろう」と言っています。それに応答する **B** の選択肢のうち、① Non, il est minuit.「いいえ、真夜中です」は応答として文脈にそぐわないため不可能です。② On sort ?「出かけようか」は応答として可能です。③ On va se promener en ville ?「町へ散歩に出かけようか」も可能です。**B** の応答に **A** は Oui, allons à la campagne !「そうだね、田舎に行こう」と答えているのですから、③は排除されます。正解は② On sort ? です。

⑶　**A** は、Qu'est-ce que vous allez faire cet après-midi ?「きょうの午後、何をするつもりですか」と尋ねています。これに応答する **B** の選択肢のうち、① Nous allons faire des courses.「買い物をしにいきます」は応答として可能です。② Nous restons à la maison.「家にいます」も可能です。③ Nous sommes allés au concert.「コンサートに行きました」は今日の午後のことではなく、過去の話をしているので、応答として不可能です。**B** の応答に **A** は、Qu'est-ce que vous voulez acheter ?「何を買いたいの」ときき返しています

37

仏検公式ガイドブックセレクション 4 級・5 級（2019-2023）

から、②は排除されます。正解は① Nous allons faire des courses. です。

⑷　A は、Romain est déjà rentré d'Italie ?「ロマンはもうイタリアから帰ったの？」ときいています。これに応答する B の選択肢のうち、① Non. Il arrivera mercredi soir.「いや、まだだよ。水曜の夜に着くんだ」は応答として可能です。② Non. Il est à New York toute la semaine.「いや、まだだよ。1 週間ずっとニューヨークにいるんだ」は、ロマンはイタリアにいるはずなので、不可能です。③ Oui. Mais il est malade.「うん。でも彼は病気だよ」も応答として可能です。B の応答に A は On va dîner avec lui jeudi ?「木曜日に彼と夕飯を食べようか」ときき返していますから、③は排除されます。正解は① Non. Il arrivera mercredi soir. です。

解答　⑴ ③　　⑵ ②　　⑶ ①　　⑷ ①

38

筆記試験 3

練習問題 2

次の(1)～(4)の **A** と **B** の対話を完成させてください。**B** の下線部に入れるのにもっとも適切なものを、それぞれ①～③のなかから 1 つずつ選び、解答欄のその番号にマークしてください。

(1) **A** : Il y a un nouvel élève dans la classe.

    B : _____

    A : Il est gentil.

       ① D'où vient-il ?

       ② Il est comment ?

       ③ Qu'est-ce qu'il fait dans la vie ?

(2) **A** : Je voudrais réserver une table pour samedi soir.

    B : _____

    A : C'est dommage.

       ① Désolé, madame. Le restaurant est fermé le week-end.

       ② Non merci. Je prends un plat du jour.

       ③ Oui. Vous êtes combien ?

(3) **A** : Ma sœur vient d'avoir un enfant !

    B : _____

    A : Eh oui, depuis un mois.

       ① Alors, vous êtes oncle maintenant !

       ② Il a combien de mois ?

       ③ Vous avez deux sœurs.

仏検公式ガイドブックセレクション 4 級・5 級（2019-2023）

⑷ **A**： On va au cinéma ce soir ?

B： ＿＿＿＿＿＿＿＿＿＿＿＿＿＿＿＿

A： Pourquoi pas ?

① Bien sûr. Et après le film, on va dîner ?

② Je suis occupée demain.

③ On va voir quel film ?

（21 春）

解説

⑴ **A** が、Il y a un nouvel élève dans la classe.「クラスに新しい生徒がいます」と言っています。élève は高校生までの「生徒」ですから、それに対する **B** の応答として、③ Qu'est-ce qu'il fait dans la vie ?「仕事は何をしているんですか」は不可能です。① D'où vient-il ?「どこから来たの」は可能です。② Il est comment ?「どんな子なの」も可能です。**B** の応答に **A** は、Il est gentil.「やさしい子だよ」と、答えていますから、正解は② **Il est comment ?** です。

⑵ **A** が、Je voudrais réserver une table pour samedi soir.「土曜日の夜の（ために）、席を予約したいのです」と **B** に言っています。une table は、テーブルですが、この場合はレストランでの席を指します。それに答える **B** の選択肢のうち、① Désolé, madame. Le restaurant est fermé le week-end.「申し訳ありません（マダム）。レストランは週末、閉店しています」は応答として可能です。③ Oui. Vous êtes combien ?「はい。何名様ですか」も可能です。② Non merci. Je prends un plat du jour.「いいえ、結構です。私は本日のおすすめ料理をとります」は応答として不可能です。**B** の応答に **A** は C'est dommage.「残念です」と答えているのですから、正解は① **Désolé, madame. Le restaurant est fermé le week-end.** です。

⑶ **A** は、Ma sœur vient d'avoir un enfant !「姉（妹）に子どもが生まれたんです」と言っています。これに応答する **B** の選択肢のうち、① Alors, vous êtes oncle maintenant !「それでは、あなたは伯父（叔父）さんなの（になったの）ですね」は応答として可能です。② Il a combien de mois ?「（お

40

筆記試験 3

子さんは) 何ヵ月になりましたか」も可能です。③ Vous avez deux sœurs.「あなたには2人姉妹がいます」は応答として文脈にそぐわないために不可能です。**B** の応答に **A** は、Eh oui, depuis un mois.「ええ、そうです、1ヵ月前から」と述べていますから、正解は① Alors, vous êtes oncle maintenant ! です。

なお、近接過去を表わす〈venir + de ＋不定詞〉「～したところだ、～したばかりだ」と目的を表わす〈venir ＋不定詞〉「～しにくる」とをまとめて復習しておきましょう。

⑷ **A** は、On va au cinéma ce soir ?「今晩、映画に行かない？」と誘っています。これに応答する **B** の選択肢のうち、① Bien sûr. Et après le film, on va dîner ?「もちろん。映画のあとに、夕食をとりましょうか」は応答として可能です。③ On va voir quel film ?「どの映画を見ましょうか」も可能です。② Je suis occupée demain.「あしたは忙しいです」は、今晩のことを聞かれているのに、あすのことを述べているので、応答として不可能です。**B** の応答に **A** は Pourquoi pas ?「いいですね」と賛成していますから、正解は① Bien sûr. Et après le film, on va dîner ? です。

なお、Pourquoi pas ? は「どうしてだめなのか」が転じて、「だめなわけがない、いいですね」の意味で用いられます。

解答　(1) ②　　(2) ①　　(3) ①　　(4) ①

41

仏検公式ガイドブックセレクション 4 級・5 級（2019-2023）

練習問題 3

次の(1)～(4)の **A** と **B** の対話を完成させてください。**B** の下線部に入れるのにもっとも適切なものを、それぞれ①～③のなかから 1 つずつ選び、解答欄のその番号にマークしてください。

(1) **A** : Est-ce que je peux parler à madame Sasaki, s'il vous plaît ?

　　B : _____

　　A : Ah bon. Alors je vais l'appeler sur son portable.

　　　① Désolé, elle est sortie.

　　　② Non, elle est occupée.

　　　③ Oui, elle parle bien anglais.

(2) **A** : Je voudrais envoyer ce paquet, s'il vous plaît.

　　B : _____

　　A : Aux États-Unis.

　　　① D'accord, attendez un moment.

　　　② En France ou à l'étranger ?

　　　③ Moi non plus.

(3) **A** : Papa, on va chercher maman à l'aéroport ?

　　B : _____

　　A : Il faut nous dépêcher, alors !

　　　① Bien sûr. On y va avec ta mère.

　　　② Non, elle prendra un taxi.

　　　③ Oui. Son avion arrive dans une heure.

42

筆記試験 3

(4) **A** : Tu connais ce monsieur ?

　　B : _____

　　A : Tu me le présentes ?

　　　① C'est ma cousine.

　　　② C'est mon voisin.

　　　③ Non. Qui est-ce ?　　　　　　　　　　　　(22 春)

解説

(1) **A** が、Est-ce que je peux parler à madame Sasaki, s'il vous plaît ?「佐々木さんと話せますか」ときいています。**B** の応答として、① Désolé, elle est sortie.「すみません、彼女は出かけています」は可能です。② Non, elle est occupée.「いいえ、彼女は手がふさがっています」も可能です。③ Oui, elle parle bien anglais.「はい、彼女は英語をうまく話します」は応答として文脈にそぐわないため、不可能です。**B** の応答に **A** は、Ah bon. Alors je vais l'appeler sur son portable.「ああそうですか。それでは彼女の携帯に電話をします」と、答えていますから、正解は ① Désolé, elle est sortie. です。

　なお、appeler「～に電話をする」は直接目的語を用います。l' は la がエリジヨンしたものです。

(2) **A** が、Je voudrais envoyer ce paquet, s'il vous plaît.「この小包を送りたいのですが」と **B** に言っています。それに答える **B** の選択肢のうち、① D'accord, attendez un moment.「わかりました、ちょっとお待ちください」は応答として可能です。② En France ou à l'étranger ?「フランスにですか、それとも外国にですか」も可能です。③ Moi non plus.「私もちがいます」は応答として成立しえないので不可能です。**B** の応答に **A** は Aux États-Unis.「アメリカ合衆国に」と答えているので、正解は ② En France ou à l'étranger ? です。

(3) **A** は、Papa, on va chercher maman à l'aéroport ?「パパ、空港にママを迎えにいこうか」と誘っています。これに応答する **B** の選択肢のうち、① Bien sûr. On y va avec ta mère.「もちろん。そこにママといっしょに行こう」

43

仏検公式ガイドブックセレクション 4 級・5 級 (2019-2023)

は、ママを迎えにいくという文脈にそぐわないので、応答として不可能です。② Non, elle prendra un taxi.「いや、ママはタクシーを使う予定なんだ」は可能です。③ Oui. Son avion arrive dans une heure.「うん。ママの飛行機は 1 時間後に到着するよ」も応答として可能です。**B** の応答に **A** は、Il faut nous dépêcher, alors !「それじゃあ急がないと」と言っていますから、正解は③ Oui. Son avion arrive dans une heure. です。

⑷　**A** は、Tu connais ce monsieur ?「あの男性を知っている？」と尋ねています。これに応答する **B** の選択肢のうち、① C'est ma cousine.「私の（女性の）いとこです」は応答として不可能です。② C'est mon voisin.「うちの近所の人（男性）です」は可能です。③ Non. Qui est-ce ?「いいえ。だれですか」も可能です。**B** の応答に **A** は Tu me le présentes ?「彼を私に紹介してくれる？」と頼んでいますから、正解は② C'est mon voisin. です。

解答　(1) ①　　(2) ②　　(3) ③　　(4) ②

44

4

　5つの問題文の空欄に正しい動詞の活用形をそれぞれ3つの選択肢から選び、示されている日本語に対応するフランス語の文を完成させる問題です。配点10。

　出題される動詞の活用形は、**近接未来、近接過去、直説法**と**命令法**の範囲です。直説法では**現在、複合過去、半過去、単純未来**の活用形が対象になります。4級では記述式の問題は出題されません。選択肢を見て、正しい活用形を選択できる力がためされます。記述式ではありませんが、下記のような基本動詞の直説法現在の活用形と過去分詞はマスターしておくことが望ましいでしょう。他の時制の活用形の基盤となり、習得を容易にしてくれます。各時制の用法については練習問題の解説を参考にしてください。

基本となる動詞
-er 動詞（第1群規則動詞とも呼ばれる）
　　・chanter「歌う」、travailler「仕事をする、勉強する」
　　　母音や無音の h で始まる aimer「好きである」、habiter「住む」など。
-ir 動詞（第2群規則動詞とも呼ばれる）
　　・finir「終える」、choisir「選ぶ」など。
不規則動詞
　　・être「である、にいる」、avoir「もっている」、aller「行く」、venir「来る」、prendre「取る、飲む、食べる、乗る」、faire「する、作る」、mettre「置く、着る、入れる」、partir「出発する」、sortir「外出する」、voir「会う、見える、見る、わかる」、attendre「待つ」、écrire「書く」、lire「読む」、dire「言う」、pouvoir「（＋不定詞）〜できる」、vouloir「欲する、（＋不定詞）〜したい」、devoir「〜（＋不定詞）しなければならない」、connaître「（人や場所を）知っている」、savoir「知っている、〜（＋不定詞）できる、〜（＋ que ＋主語＋動詞）であることを知っている」など。
代名動詞
　　・se lever「起きる」、se coucher「寝る」など。

45

仏検公式ガイドブックセレクション 4 級・5 級（2019-2023）

練習問題 1

　次の日本語の文(1)〜(5)の下には、それぞれ対応するフランス語の文が記されています。（　）内に入れるのにもっとも適切なものを、それぞれ①〜③のなかから 1 つずつ選び、解答欄のその番号にマークしてください。

(1) その日はとても暑かった。

　　Ce jour-là, il (　　) très chaud.

　　① faisait 　　　② fait 　　　③ fera

(2) 父は、あしたの夕方に着きます。

　　Mon père (　　) demain soir.

　　① arrivait 　　② arrivera 　　③ est arrivé

(3) 来週までにこの本を読んでおきなさい。

　　(　　) ce livre pour la semaine prochaine.

　　① Lisent 　　② Lisez 　　③ Lisons

(4) 旅行中、彼女たちはたくさんの写真をとりました。

　　Elles (　　) beaucoup de photos pendant leur voyage.

　　① ont pris 　　② prendront 　　③ prennent

(5) 私の子どもたちは、毎朝 6 時に目ざめます。

　　Mes enfants (　　) à six heures tous les matins.

　　① me réveille 　② se réveillent 　③ vous réveillez

(21 春)

46

筆記試験 4

解 説

(1) 「その日はとても暑かった」

焦点は、Ce jour-là「その日」という副詞句で示される**過去のある時点の状態**を表わす直説法半過去です。設問文は、il を主語にした天候を表わす非人称表現になっています。問題となっている動詞は faire です。選択肢はすべて直説法における活用形で、3 人称単数の形になっていますが、時制が異なります。① faisait は半過去、② fait は現在、③ fera は単純未来の形です。したがって正解は ① faisait です。

半過去の語幹は、直説法現在 1 人称複数の活用形から作ります。たとえば faire ならば、nous faisons から活用語尾の -ons をとった fais となります。また語尾〈-ais、-ais、-ait、-ions、-iez、-aient〉はすべての動詞に共通です。したがって動詞 faire の半過去の活用は、語幹 fais のあとにこの語尾をつけて、〈je faisais、tu faisais、il / elle / on faisait、nous faisions、vous faisiez、ils / elles faisaient〉となります。この場合、nous faisons[nufəzɔ̃ ヌフゾン]と同じく、fai の発音が [fɛ フェ] ではなく、[fə フ] となる点にも注意しましょう。

(2) 「父は、あしたの夕方に着きます」

demain soir「あしたの夕方」という未来の時点をはっきりと示す副詞句があるので、動詞は直説法単純未来形になることがわかります。選択肢はいずれも動詞 arriver「着く」の直説法の活用形で、3 人称単数の形に置かれています。① arrivait は半過去、② arrivera は単純未来、③ est arrivé は複合過去の形です。したがって正解は ② arrivera です。

単純未来の語尾はすべての動詞に共通で〈-rai、-ras、-ra、-rons、-rez、-ront〉です。arriver の単純未来の活用は、1 人称単数の活用形の arrive にこの語尾がついて、〈j'arriverai、tu arriveras、il / elle / on arrivera、nous arriverons、vous arriverez、ils / elles arriveront〉となります。語尾にふくまれる r の文字と音が単純未来形の特徴です。

(3) 「来週までにこの本を読んでおきなさい」

日本語の文意のみならず、フランス語文が主語ではなく動詞で始まっているところからも、命令形が使われていると判断できます。使われている動詞は lire「読む」です。① Lisent「読みます」は直説法現在 3 人称複数の活用形なので、主語が必要です。また疑問文以外で文頭にくることはありません。

47

仏検公式ガイドブックセレクション 4 級・5 級（2019-2023）

② Lisez「読んでください、読みなさい」は主語 vous「あなた（たち）、君たち」に対する命令形、③ Lisons「読みましょう」は、主語 nous「私たち」に対する命令形です。正解は② Lisez です。なお、2 人称単数の主語 tu「君」に対する命令であれば、Lis「読みなさい」となります。

⑷ 「旅行中、彼女たちはたくさんの写真をとりました」

過去においてすでに完了した行為が述べられているのですから、複合過去が用いられます。このとき、pendant leur voyage「旅行中」は、このことばを語っている現在の時点からみて、すでに完了した過去の 1 つの点とみなされています。

さて、使われている動詞は prendre で、選択肢は 3 つともその直説法 3 人称複数の活用形です。それぞれ、① ont pris は複合過去、② prendront は単純未来、③ prennent は現在の活用形です。正解は① ont pris です。

複合過去は助動詞 avoir または être の直説法現在と過去分詞を組み合わせて作ります。この設問の prendre など、他動詞（直接目的語をとる動詞）や多くの自動詞では助動詞は avoir を用いますが、aller「行く」、venir「来る」、naître「生まれる」など、場所の移動や状態の変化を表わす一部の自動詞では助動詞に être を用い、その場合、過去分詞は主語に性数一致します。

⑸ 「私の子どもたちは、毎朝 6 時に目ざめます」

問われているのは、代名動詞の活用形です。代名動詞は、主語と同じものを指す再帰代名詞（自分を、自分に）をともないます。この再帰代名詞は、1 人称および 2 人称では、目的語の人称代名詞と同じ形（me、nous、te、vous）ですが、3 人称および不定詞では se になりますので、注意してください。選択肢はいずれも代名動詞 se réveiller「目がさめる」の直説法現在の活用形です。① me réveille は 1 人称単数の主語 je、② se réveillent は 3 人称複数の主語 ils / elles、③ vous réveillez は 2 人称の主語 vous に対応する現在形の活用です。主語の Mes enfants「私の子どもたち」は 3 人称複数ですから、正解は② se réveillent です。

なお、se réveiller「起きる」の直説法現在の活用は、〈je me réveille、tu te réveilles、il / elle / on se réveille、nous nous réveillons、vous vous réveillez、ils / elles se réveillent〉となります。

解答 ⑴ ① ⑵ ② ⑶ ② ⑷ ① ⑸ ②

筆記試験 4

練習問題 2

次の日本語の文(1)～(5)の下には、それぞれ対応するフランス語の文が記されています。（　　）内に入れるのにもっとも適切なものを、それぞれ①～③のなかから1つずつ選び、解答欄のその番号にマークしてください。

(1) ありがとうございます。

Je vous (　　　).

① remerciais　　② remercie　　③ remercierai

(2) おじいちゃんにおやすみを言いなさい。

Tu (　　　) bonne nuit à ton grand-père !

① diras　　　② disais　　③ dites

(3) その犬に意地悪をしちゃだめだよ。

Ne (　　　) pas méchants avec le chien !

① sois　　　② sont　　③ soyez

(4) 当時は何を勉強していたのですか。

Qu'est-ce que vous (　　　) à ce moment-là ?

① étudierez　　② étudiez　　③ étudiiez

(5) 私の母は2020年に亡くなりました。

Ma mère (　　　) en 2020.

① est morte　　② meurt　　③ mourra　　(22秋)

49

仏検公式ガイドブックセレクション 4 級・5 級（2019-2023）

解 説

(1) 「ありがとうございます」

　話している現時点の感謝を伝える発言なので、問題となっているのは現在の事柄を伝える動詞の直説法現在形です。① remerciais は半過去形、② remercie は現在形、③ remercierai は単純未来形です。したがって、正解は② remercie です。

　なお、Je vous remercie. あるいは Je te remercie. は、merci よりも丁寧な感謝の表現として、このまま覚えておくと便利です。

(2) 「おじいちゃんにおやすみを言いなさい」

　「〜しなさい」という命令の表現ですが、フランス語の文には Tu という主語があるので、命令形の文にはなりません。**命令を表わすために、直説法単純未来形を使うことができます。**単純未来形は未来の事柄を述べるときに使いますが、命令とは未来に関わるものであるので、命令を表わすのにも用いられるのです。一般的に、未来形を使った命令では、命令形を用いたそれよりも語調の強さが和らげられます。選択肢① diras は単純未来形、選択肢② disais は半過去形、選択肢③ dites は vous の現在形です。したがって、正解は① diras です。

　なお、dire「言う」の単純未来形の活用は、〈je dirai、tu diras、il / elle / on dira、nous dirons、vous direz、ils / elles diront〉です。

(3) 「その犬に意地悪をしちゃだめだよ」

　「〜してはいけない」という禁止を表わす否定命令が問題になっています。Ne...pas で文が始まるので、être の命令形が必要であることをおさえたら、次に méchants という形容詞の形に注意しましょう。末尾に s がついているので、être の主語が複数であり、複数の人物に呼びかけていることがわかります。したがって必要なのは 2 人称複数としての vous「君たち」の命令形で、正解は③ soyez です。① sois は 2 人称単数 tu の命令形で、② sont は命令形ではなく、3 人称複数 ils / elles の直説法現在形です。

　vous は単数で丁寧に「あなた」と述べるときに使われるだけではなく、vous が複数集まった「あなたたち」、tu が複数集まった「君たち」としても用いることを、あらためて確認しましょう。

(4) 「当時は何を勉強していたのですか」

50

à ce moment-là「当時」という副詞句が示す**過去のある時点に、継続して**
いた動作を表わす直説法半過去が問題になっています。選択肢の動詞はすべ
て 2 人称 vous の活用形ですが、① étudierez は単純未来形、② étudiez は現
在形、③ étudiiez が半過去形なので、正解は ③ étudiiez です。

étudier のように -ier で終わる動詞は、直説法半過去形の vous の語尾 -iez、
nous の語尾 -ions がつくと、vous étudiiez、nous étudiions のように i が 2
つ重なるので注意しましょう。

(5) 「私の母は 2020 年に亡くなりました」

　過去において完了した行為が述べられているので、直説法複合過去を用い
ます。使われている動詞は mourir で選択肢はすべて 3 人称単数の活用になっ
ていますが、② meurt は現在形、③ mourra は単純未来形です。① est morte
が複合過去形です。正解は ① est morte です。

　mourir「死ぬ」の複合過去形は助動詞 être を用い、過去分詞 mort が主語
と性数一致しています。être を使う他の動詞（aller, venir, arriver, partir,
entrer, sortir, naître など）と合わせておさえておきましょう。

解答　(1) ②　　(2) ①　　(3) ③　　(4) ③　　(5) ①

仏検公式ガイドブックセレクション4級・5級（2019-2023）

練習問題3

次の日本語の文(1)～(5)の下には、それぞれ対応するフランス語の文が記されています。（ ）内に入れるのにもっとも適切なものを、それぞれ①～③のなかから1つずつ選び、解答欄のその番号にマークしてください。

(1) あしたパーティーに来たら、私のいとこに会えるよ。

Si tu viens à la fête demain, tu (　　　　) mon cousin.

① as vu　　　　② verras　　　　③ voyais

(2) あのころ私たちは、日曜になるといっしょに出かけたものでした。

En ce temps-là, nous (　　　　) ensemble le dimanche.

① sortions　　　② sortirons　　　③ sortons

(3) アリスはツインルームを予約した。

Alice (　　　) une chambre à deux lits.

① a réservé　　　② réserve　　　③ réservera

(4) もっとゆっくり話してください。

(　　　) plus lentement, s'il vous plaît.

① Parle　　　② Parlez　　　③ Parlons

(5) 私たちはよく海辺を散歩する。

On (　　　) souvent au bord de la mer.

① me promène　② nous promenons　③ se promène

(23 春)

52

筆記試験 4

解説

(1) 「あしたパーティーに来たら、私のいとこに会えるよ」

　未来のことを表わす直説法単純未来形の活用が問われています。voir「会う」の単純未来の活用は〈je verrai、tu verras、il / elle / on verra、nous verrons、vous verrez、ils / elles verront〉となります。主語は tu なので、正解は② verras です。単純未来形の語尾は、 練習問題 1 (2)でみたようにすべての動詞に共通して〈-rai、-ras、-ra、-rons、-rez、-ront〉ですが、動詞 voir は語幹が ver となる点に注意しましょう。単純未来形の不規則な語幹として、être (se)、avoir (au)、aller (i)、venir (viend)、faire (fe)、pouvoir (pour)、vouloir (voud) なども確認しておいてください。なお① as vu は複合過去形、③ voyais は半過去形です。

(2) 「あのころ私たちは、日曜になるといっしょに出かけたものでした」

　過去の習慣を表わす直説法半過去形が問われています。選択肢の動詞はすべて 1 人称複数形ですが、① sortions は半過去形、② sortirons は単純未来形、③ sortons は現在形です。したがって、正解は① sortions です。半過去形の語幹は、動詞 être (ét) をのぞき、すべて直説法現在形の nous の形から、語尾 -ons をとったものです。したがって sortir の場合は、sortons を元として、語幹は sort となる点に注意しましょう。これにすべての動詞に共通する語尾〈-ais、-ais、-ait、-ions、-iez、-aient〉がつき、〈je sortais、tu sortais、il / elle / on sortait、nous sortions、vous sortiez、ils / elles sortaient〉となります。

(3) 「アリスはツインルームを予約した」

　過去において完了した行為が述べられているので、直説法複合過去を用います。選択肢の動詞はすべて 3 人称単数形ですが、① a réservé は複合過去形、② réserve は現在形、③ réservera は単純未来形ですから、正解は① a réservé です。

(4) 「もっとゆっくり話してください」

　命令を表わす動詞の命令法の活用が問われています。s'il vous plaît がヒントとなり、この命令文では vous に呼びかけていることがわかるので、選ぶべきは parler の 2 人称 vous に対する命令法の活用形です。正解は② Parlez です。選択肢のうち、① Parle は 2 人称単数 tu に対応する命令法の活用形であり、③ Parlons は、1 人称複数 nous に対応する命令法の活用形です。

53

(5) 「私たちはよく海辺を散歩する」

　代名動詞 se promener の直説法現在形が問われています。日本語の文の「私たち」に対応するフランス語の主語は、On です。On は文脈によって「(不特定の) 人は、人々は」という意味で用いられたり、nous など他の代名詞にかわって用いられたりします。ここでは nous の意味で on が使われています。ただし動詞の活用はつねに 3 人称単数形であり、再帰代名詞も 3 人称単数の形をとることに注意が必要です。したがって正解は③ se promène です。選択肢のうち、① me　promène は 1 人称単数 je に対応する活用形、② nous promenons は 1 人称複数 nous に対応する活用形です。

　なお、se promener「散歩する」の直説法現在の活用は、〈je me promène、tu te promènes、il / elle / on se promène、nous nous promenons、vous vous promenez、ils / elles se promènent〉です。

　(1) ②　　(2) ①　　(3) ①　　(4) ②　　(5) ③

筆記試験 5

5

　4つの下線部に選択肢①〜④の語を正しく並べ入れて文を完成し、（　　）
にあてはまる選択肢の番号を答える問題です。配点 10。

　文の一部にあたる単語が4つ、選択肢として用意されていますから、こ
れらの単語を正しく並べて文を完成します。文法で学習したことが正しい語
順の文を作るための知識になっているかがためされます。

　近接未来、近接過去あるいは複合過去の動詞の語順、比較級、最上級など
の構文をしっかりと身につけておきましょう。

　形容詞や副詞の位置、直接目的語の人称代名詞［me (m')、te (t')、le (l')、
la (l')、nous、vous、les］や間接目的語の人称代名詞［me (m')、te (t')、lui、
nous、vous、leur］、中性代名詞［en、y］は平叙文では動詞の前に置かれる
ことが語順のポイントです。

　代名動詞（se coucher など）や不定詞をともなう動詞 vouloir、pouvoir、
devoir などの否定文における ne と pas の位置などもしっかりおさえておき
ましょう。

55

仏検公式ガイドブックセレクション4級・5級（2019-2023）

練習問題1

例にならい、次の(1)〜(5)において、それぞれ①〜④をすべて用いて文を完成したときに、（　）内に入るのはどれですか。①〜④のなかから1つずつ選び、解答欄のその番号にマークしてください。

例：Il ＿＿＿＿ ＿＿＿＿ （＿＿＿） ＿＿＿＿．

① a　　　　②content　　③l'air　　　④très

Il ＿＿a＿＿ ＿l'air＿ （ très ） content.
　　①　　　　③　　　④　　　②

となり、①③④②の順なので、（　）内に入るのは④。

(1) Audrey ＿＿＿＿ ＿＿＿＿ （＿＿＿） ＿＿＿＿ frère.

① autant　　② mange　　③ que　　④ son

(2) Elles sont ＿＿＿＿ ＿＿＿＿ （＿＿＿） ＿＿＿＿ en Italie.

① de　　　② heureuses　③ très　　④ voyager

(3) Il ＿＿＿＿ ＿＿＿＿ （＿＿＿） ＿＿＿＿ aller à la gare.

① faut　　② minutes　　③ pour　　④ quinze

(4) Je vais acheter ＿＿＿＿ ＿＿＿＿ （＿＿＿） ＿＿＿＿．

①blanche　②cette　　③jolie　　④robe

(5) Tu ＿＿＿＿ ＿＿＿＿ （＿＿＿） ＿＿＿＿ bibliothèque aujourd'hui.

① à　　　② dois　　　③ la　　　④ travailler

(19春)

筆記試験 5

解 説

(1) Audrey...「オドレは～」のあとにつづく語は、選択肢を見ると、動詞②mange「食べる」が想定されます。次に、① autant は副詞で③ que とともに比較の表現をつくります。autant que... で「～と同じくらい（たくさん）」の意味になります。そして、残る選択肢④ son を frère と組み合わせて son frère「彼女の兄（弟）」とすれば、Audrey <u>mange</u> autant (que) son frère.「オドレは彼女の兄（弟）と同じくらい（たくさん）食べる」という文が完成します。正解は③ que です。

　なお動詞の程度を比較するとき、plus / moins / **autant** という比較の副詞は、この文のように動詞のうしろに置かれます。形容詞・副詞の程度を比較するときには、plus / moins / **aussi** は前に置かれます。Elle chante aussi bien que vous.「彼女はあなたと同じくらい歌がじょうずです」（『仏検公式基本語辞典』**aussi**）などの例が参考になるでしょう。さらに名詞の量を比較するときには plus de / moins de / **autant** de が名詞の前に置かれます。Il a autant de livres que toi.「彼は君と同じくらい本を持っている」（『仏検公式基本語辞典』**autant**）といった例があげられます。

(2) Elles sont...「彼女たちは～」のあとにつづく語は、女性複数形の形容詞② heureuses「喜んでいる」です。Elles sont heureuses...「彼女たちは～喜んでいる」という文章ができます。そこに① de を加えると、Elles sont heureuses de...「彼女たちは～を（で）喜んでいる」という文が見えてきます。de のあとにつづく語句は名詞あるいは動詞の不定詞なので、④ voyager「旅行する」を加えると Elles sont heureuses de voyager en Italie.「彼女たちはイタリアに旅行することを喜んでいる」という文章ができあがります。さて、③ très「とても」をどこに入れるべきでしょうか。この副詞は、形容詞か副詞の前に置きますので、Elles sont <u>très</u> <u>heureuses</u> (de) <u>voyager</u> en Italie.「彼女たちはイタリアに旅行することをとても喜んでいる」という文が完成します。正解は①de です

(3) Il ... のあとに続く動詞として① faut が見つかります。この動詞（不定詞は falloir「～が必要である」）は、非人称の主語 il とともに非人称表現をつくります。Il faut...「～が必要である（しなければならない）」のあとにつづく語は、名詞あるいは動詞の不定詞です。選択肢を見ると、動詞の不定詞はありません。名詞の② minutes「分」と④ quinze「15」を組み合わせてつづ

57

けると、Il faut quinze minutes...「15分必要である」となります。そして、残る前置詞③ pour「～ために」を aller à la gare「駅に行く」の前に置けば、Il faut quinze (minutes) pour aller à la gare.「駅に行く（ため）には15分かかります」という文が完成します。正解は② minutes です

⑷　Je vais acheter...「私は（これから）～を買います」は、〈aller＋不定詞〉で近接未来（または「～しにいく」）の表現となっています。つづく語句は動詞 acheter「買う」の直接目的語となる名詞群で、その核となるのは、名詞④ robe「ワンピース（ドレス）」です。robe は単数の女性名詞で、それにかかるすべての要素が女性単数に一致しています。名詞群の冒頭には冠詞類（冠詞、指示形容詞、所有形容詞など）が置かれますので、選択肢から女性単数形の指示形容詞② cette を選びます。残るは、女性単数形の形容詞① blanche（男性単数形は blanc）「白い」、③ jolie（男性単数形は joli）「きれいな」です。ここでは形容詞を置く場所が問題になります。一般に③ jolie などの日常よく使われる短めの形容詞は名詞の前に置かれ、① blanche のような色彩を表わす形容詞は名詞のあとに置かれます。こうして Je vais acheter cette jolie (robe) blanche.「私はこのきれいな白いワンピース（ドレス）を買います」が完成します。正解は④ robe です。

　なお、名詞の前に置かれる形容詞としてほかに、grand(e)「大きい」、petit(e)「小さい」、bon(ne)「良い」、mauvais(e)「悪い」、jeune「若い」、vieux(vieille)「古い（年をとった）」、beau(belle)「美しい」などがあります。

⑸　主語である Tu...「君（あなた）は～」につづくのは、活用している動詞② dois（不定詞は devoir）「～しなければならない」です。Tu dois... の次にくるのは動詞の不定詞ですから、④ travailler「勉強する（働く）」しかありません。Tu dois travailler...「君（あなた）は勉強し（働か）なければならない」がまずできます。さて、bibliothèque「図書館」につく冠詞は女性単数の定冠詞③ la です。その前に場所を表わす前置詞① à をおくと à la bibliothèque「図書館で」という語句ができあがります。こうして、Tu dois travailler (à) la bibliothèque aujourd'hui.「君（あなた）はきょう、図書館で勉強し（働か）なければいけない」という文が完成します。正解は① à です。

　なお、devoir の直説法現在の活用は〈je dois、tu dois、il / elle / on doit、nous devons、vous devez、ils / elles doivent〉となります。

筆記試験 5

解答　(1) ③　　(2) ①　　(3) ②　　(4) ④　　(5) ①

仏検公式ガイドブックセレクション 4 級・5 級（2019-2023）

練習問題 2

　例にならい、次の(1)～(5)において、それぞれ①～④をすべて用いて文を完成したときに、（　　）内に入るのはどれですか。①～④のなかから 1 つずつ選び、解答欄のその番号にマークしてください。なお、①～④では、文頭にくるものも小文字にしてあります。

例：Il ＿＿＿＿ ＿＿＿＿ （＿＿＿） ＿＿＿＿.

　　① a　　　　② fatigué　　③ l'air　　　④ très

　　Il ＿a＿ ＿l'air＿ （ très ） fatigué.
　　　　①　　　③　　　　④　　　　②

　　となり、①③④②の順なので、（　　）内に入るのは④。

(1) Il ＿＿＿＿ ＿＿＿＿ （＿＿＿） ＿＿＿＿ que d'habitude.

　　① beaucoup　② chaud　　③ fait　　　④ moins

(2) Les étudiants ＿＿＿＿ ＿＿＿＿ （＿＿＿） ＿＿＿＿ dans la salle.

　　① entrés　　② ne　　　③ pas　　　④ sont

(3) Manon ＿＿＿＿ ＿＿＿＿ （＿＿＿） ＿＿＿＿ repas.

　　① de　　　　② le　　　③ préparer　④ vient

(4) Vous prenez ＿＿＿＿ ＿＿＿＿ （＿＿＿） ＿＿＿＿ droite.

　　① à　　　　② deuxième　③ la　　　④ rue

(5) ＿＿＿＿ - ＿＿＿＿ （＿＿＿） ＿＿＿＿ heures, s'il te plaît.

　　① à　　　　② moi　　　③ réveille　④ sept

(21 秋)

筆記試験 5

解 説

(1)　Il が主語ですから、対応する動詞を選択肢からさがしてみると、③ fait があります。それにつづく語は、選択肢に ② chaud がありますから、Il fait chaud ...「(天気が) 〜暑い」という語順がとりあえず想定できます。選択肢には、① beaucoup と ④ moins が残っています。さて、問題文を見ますと、Il fait chaud ... que d'habitude. という語順がまた想定できますから、選択肢④ moins から moins ... que「よりは〜ない」で劣等比較が予測され、Il fait moins chaud que d'habitude.「いつもよりは暑くはない」という文ができます。さて、残った① beaucoup「多く、たくさん、はるかに」をどこに入れるべきでしょうか。「いつもよりは、はるかに暑くはない」という日本語に対応するフランス語文を想定すれば、Il fait beaucoup (moins) chaud que d'habitude. という文が成立します。正解は④ moins です。

　このように比較級を強める副詞の beaucoup は plus / moins の前に入れます。Elle a beaucoup plus de livres que moi.「彼女は私よりずっと多くの本を持っている」、Ma maison est beaucoup moins grande que celle de ma sœur.「私の家は姉 (妹) のものよりはるかに小さい (大きくない)」などの例があげられます。

(2)　Les étudiants が主語ですから、対応する動詞を選択肢からさがしてみると、④ sont がありますが、動詞を否定する ② ne と ③ pas もありますので、Les étudiants ne sont pas ... dans la salle.「学生たちは部屋に〜ない」という語順が確定できます。選択肢に残る ① entrés を ... に入れると、Les étudiants ne sont (pas) entrés dans la salle.「学生たちは部屋に入らなかった」という文が完成します。正解は③ pas です。

　複合過去の否定文では助動詞 être もしくは avoir を ne...pas ではさむという点を確認しておきましょう。

(3)　Manon が主語ですから、対応する動詞を選択肢からさがすと、④ vient が見つかります。Manon vient ... に続く語を選択肢にさがせば、③ préparer がありますから、Manon vient préparer ... repas. という語順がとりあえず想定できます。repas「食事」は名詞ですから残る選択肢の冠詞 ② le を入れると、Manon vient préparer le repas.「マノンは食事のしたくをしにくる」と言う文がとりあえず完成しますが、① de が残ってしまいます。どこに入れるべきでしょうか。〈venir de + 動詞〉「〜したばかりである」という近接過去の

61

用法を思い出せば、Manon vient de (préparer) le repas.「マノンは食事のしたくをしたばかりだ」と言う文が完成します。正解は③ préparer です。

⑷　Vous prenez ... に続くのは、一般的には直接目的語です。直接目的語としての冠詞＋名詞の組み合わせを選択肢に探すと、③ la と④ rue がありますので、Vous prenez la rue ... droite. という語順が想定できます。droite「右」は① à と結合して、à droite「右に」という熟語になりますから、Vous prenez la rue à droite.「通りを右に行ってください」と言う文章がとりあえず完成しますが、② deuxième「2 番目の」という序数詞（形容詞）が残ってしまいます。序数詞は名詞の前におきますから、Vous prenez la deuxième (rue) à droite.「2 番目の通りを右に行ってください」とすれば、文が完成します。正解は④ rue です。

　なお prendre la première rue à droite「最初の通りを右に行く」、prendre la deuxième rue à gauche「2 番目の通りを左に行く」などは、道案内をする表現として便利なので、aller tout droit「まっすぐ行く」tourner à gauche「左に曲がる」などとともに、覚えてしまいましょう。

⑸　主語の明示がないので、やや難問です。まずは明示されている heures, s'il te plaît. の heures の前に何を入れるべきか考えましょう。選択肢を見てみましょう。④ sept があるので、sept heures, s'il te plaît. という語順が確定できます。そして前置詞① à をその前に置けば、... à sept heures, s'il te plaît.「7 時に〜お願い」という語順が確定できます。問題は、残る② moi と③ réveille です。問題文の冒頭は - ですから命令形が焦点になっていることが判明します。そこで、Réveille-moi (à) sept heures, s'il te plaît.「7 時に起こして、お願い」という文が完成します。正解は① à です。

　ちなみに、-er 型の動詞の二人称単数の命令形では語尾の s がとれるため、Tu me réveilles. を命令形にすると、Réveille-moi. になります。

解答　(1) ④　　(2) ③　　(3) ③　　(4) ④　　(5) ①

筆記試験 5

練習問題3

　例にならい、次の(1)〜(5)において、それぞれ①〜④をすべて用いて文を完成したときに、（　　　）内に入るのはどれですか。①〜④のなかから1つずつ選び、解答欄のその番号にマークしてください。

　例：Il ＿＿＿＿ ＿＿＿＿ （＿＿＿） ＿＿＿＿.

　　　① a　　　② content　　③ l'air　　　④ très

　　　Il ＿＿a＿＿ ＿l'air＿ （ très ） content.
　　　　　①　　　　③　　　　④　　　　②

　　となり、①③④②の順なので、（　　　）内に入るのは④。

(1) Corinne vit avec ＿＿＿＿ ＿＿＿＿ （＿＿＿） ＿＿＿＿.

　　① blanc　　② chien　　③ petit　　　④ un

(2) Elle ne ＿＿＿＿ ＿＿＿＿ （＿＿＿） ＿＿＿＿ dans son café.

　　① de　　　② met　　③ pas　　④ sucre

(3) Il est ＿＿＿＿ ＿＿＿＿ （＿＿＿） ＿＿＿＿ la classe.

　　① chanter　② de　　③ devant　　④ difficile

(4) Je ＿＿＿＿ ＿＿＿＿ （＿＿＿） ＿＿＿＿ l'hôpital.

　　① à　　　② accompagner　③ vais　④ vous

(5) Tu ＿＿＿＿ ＿＿＿＿ （＿＿＿） ＿＿＿＿ histoire ?

　　① cette　　② de　　③ souviens　④ te

(22 春)

63

仏検公式ガイドブックセレクション 4 級・5 級 （2019-2023）

解説

(1) Corinne vit avec ... 「コリンヌは～と暮らしています」のあとにつづく語は、選択肢を見ると、冠詞＋形容詞＋名詞＋形容詞が想定されます。冠詞は不定冠詞男性単数形の、④ un しかありません。さらに名詞は ② chien「犬」だろうと見当がつきます。さて、 **練習問題 1** (4)で見たように、問題はそれぞれの形容詞をどこに置くかという点です。フランス語の形容詞は、名詞のあとに置くのが原則です。ただし、bon(ne)「よい、おいしい」、grand(e)「大きい」、jeune「若い」など、日常的によく使われる短い形容詞には名詞の前に置かれるものがあり、この問題の petit(e) もその 1 つです。そのため、この文では不定冠詞 un と名詞 chien の間に ③ petit が入ります。① blanc のように色を表わす形容詞は、国籍を示す形容詞と同様、名詞のあとに置くのが原則です。Corinne vit avec un petit (chien) blanc.「コリンヌは白い小犬と暮らしています」となって、② chien が正解です。

(2) Elle が主語ですが、3 人称単数ですから、対応する動詞は ② met です。問題文には ne がありますから、否定の表現が想定されます。選択肢に ③ pas がありますので、ne と pas で動詞をはさめば否定形になります。また否定文のなかでは、直接目的語につく不定冠詞や部分冠詞は de になるのが原則ですから、① de は、④ sucre「砂糖」の前に置かれている部分冠詞 du が変わったものと考えることができます。Elle ne met pas (de) sucre dans son café.「彼女はコーヒーに砂糖を入れません」という文が完成します。正解は ① de です。

(3) Il が主語の場合は要注意です。「彼」なのか、非人称主語なのかを見きわめることが重要です。選択肢を見ると、② de がありますから、〈Il est ＋形容詞＋ de ＋不定詞〉「～するのは～である」という非人称構文が見えてきます。Il est ... の次にくるのは形容詞 ④ difficile「むずかしい」だと考えられるので、これをつけて Il est difficile de ...「～するのはむずかしい」という文ができます。de のあとに続く語句は動詞の不定詞なので、① chanter「歌う」を加えます。そのあとに残った選択肢 ③ devant をつけると、devant la classe「クラスの生徒の前で」という表現ができあがります。Il est difficile de (chanter) devant la classe.「クラスの生徒の前で歌うのはむずかしい」となり、① chanter が正解です。

64

筆記試験 5

(4) 主語は Je ですから、対応する動詞は③vais です。選択肢には動詞の不定詞がありますから、〈aller ＋不定詞〉で「〜するつもりだ」（近接未来）、あるいは「〜しにいく」（目的）を表わすことが想定されます。ここでは動詞②accompagner「〜に付き添う、〜といっしょに行く」をともなっているので、近接未来として使われているようです。選択肢④vous は②accompagner の直接目的語だと考えることができます。最後に残った選択肢①à をつけると à l'hôpital「病院に」という表現ができあがります。Je <u>vais</u> <u>vous</u> (<u>accompagner</u>) <u>à</u> l'hôpital.「あなたに付き添って病院に行きますよ」という文が完成します。正解は②accompagner です。

なお設問文のように動詞が 2 つあるとき、目的語の代名詞はその名詞が目的語となる動詞の前に置きます。ここでは vous は aller ではなく accompagner の目的語ですから、accompagner の直前に置きます。Tu peux me donner ton adresse ?「住所を教えてくれる？」（23秋）などもその例です。

(5) 主語である Tu につづくのは、活用している動詞③souviens でしょうか。souvenir は、つねに代名動詞 se souvenir de ...「〜を思い出す、覚えている」という形で使われますから、souviens の前に④te をつけて、Tu te souviens ...「あなたは覚えている」としなければなりません。そこに②de を加えて、Tu te souviens de ...「あなたは〜を覚えている」という文を作ります。文末の histoire の前に指示形容詞①cette を入れれば、Tu <u>te</u> <u>souviens</u> (<u>de</u>) <u>cette</u> histoire ?「あなたはこの話を覚えている？」という文ができあがります。正解は②de です。

解答　(1) ②　　(2) ①　　(3) ①　　(4) ②　　(5) ②

仏検公式ガイドブックセレクション 4 級・5 級（2019-2023）

6

　4 つの問題文の空欄にそれぞれ示されている 3 つの選択肢からもっとも適切な前置詞を選ぶ問題です。配点 8。

　空間的な位置を示すもの、時間や期間を示すもの、あるいは交通手段を示すなど、基本的な前置詞の用法を辞書などの例文で覚えておきましょう。

空間的な位置を示す前置詞

　～で（に、へ）

　　à + 都市名 / à l' + 母音または無音の h で始まる単数名詞

　　à la + 女性名詞単数 / au + 男性名詞単数 / aux + 複数名詞

　　en + 女性名詞単数の国名、母音で始まる男性名詞単数の国名

　～から

　　de (d') + 都市名 / 女性名詞単数の国名

　　de l' + 母音または無音の h で始まる単数名詞

　　de la + 女性名詞単数 / du + 男性名詞単数 / des + 複数名詞

sur	～の上に	sous	～の下に
devant	～の前に	derrière	～のうしろに
dans	～のなかで	chez	～の家で
de A à B	A から B まで	par	～を通って
entre A et B	A と B の間に	pour	～に向かって
jusqu'à	～まで	après	～の先に

時間や期間を示す前置詞

à	～に［時刻］
vers	～ころ
en	～で［所要時間］　～に［年・月］
pour	～の予定で［予定の時期・期間］
dans	～後に
depuis	～（前）から［過去の時点・期間］

66

pendant	〜の間に
de A à B	A から B まで
entre A et B	A と B の間に
avant	〜までに、〜より前に
après	〜のあとに
jusqu'à	〜まで

その他

de	〜の［所有］
pour	〜のために［目的］、〜向けの［あて先］
en, à	〜で［交通手段］
en	〜でできた［材質］
par	〜につき［配分］
avec	〜といっしょに［同伴］、〜を使って［道具・材料］
sans	〜なしに

仏検公式ガイドブックセレクション 4 級・5 級（2019-2023）

練習問題 1

次の(1)～(4)の（　　）内に入れるのにもっとも適切なものを、それぞれ①～③のなかから 1 つずつ選び、解答欄のその番号にマークしてください。

(1) Je fais les courses (　　) le week-end.

　　① avec　　　② pendant　　　③ sous

(2) Mon grand-père est né (　　) 1924.

　　① de　　　② en　　　③ par

(3) On va jouer au tennis (　　) le travail ?

　　① après　　　② devant　　　③ sur

(4) Patrice étudie le japonais (　　) cinq ans.

　　① depuis　　　② parmi　　　③ sans　　　(19 春)

解 説

(1) Je fais les courses (pendant) le week-end.「私は週末に買い物をします」
le week-end「週末」がうしろにつづいているので、期間を示す前置詞②
pendant「～の間に」が正解です。① avec は「～といっしょに、～を使って」、
③ sous は「～の下に（で）」を示します。正解は② pendant です。

(2) Mon grand-père est né (en) 1924.「私の祖父は 1924 年に生まれました」
年を示す場合には、前置詞② en「～に」を用います。① de は「～の」、「～
から」の意味で広く用いられます。③ par には、「～で」（手段）、「～当たり」
（基準・単位）、「～を通って」（通過）、「～によって」（手段）などの用法が
あります。正解は② en です。

68

筆記試験 6

　なお、前置詞 en は、en été「夏に」や en janvier「1月に」のように季節
や月を示すとき、また en train「電車で」のように乗りものの手段を表わす
ときなどにも用いられます。

(3)　On va jouer au tennis (après) le travail ?「仕事のあと、テニスをしませ
んか」
　le travail「仕事」の前に置かれる前置詞は、ここでは時間の関係を示す
① après「〜のあとで」が正解になります。② devant は「〜の前に」(場所
や空間の位置) を、③ sur は「〜の上に、〜の方に、〜について」(位置、方向、
主題) を示します。正解は ① après です。なお、après の反対語は avant で、
「〜の前に」を表わします。

(4)　Patrice étudie le japonais (depuis) cinq ans.「パトリスは5年前から日
本語を勉強しています」
　時間を表わす語 (期間や過去のある時点) の前について、「〜前から」を
示す前置詞 ① depuis が正解です。② parmi は「(3人・3つ以上のもの) の
間で」の意味で用いられます。また ③ sans は、「〜なしに」という除外を表
わします。正解は ① depuis です。
　なお depuis は、場所の起点「〜から」(たとえば depuis Paris jusqu'à Lyon
「パリからリヨンまで」) を示すこともあるので、注意しておきましょう。

　解答　(1) ②　　(2) ②　　(3) ①　　(4) ①

69

仏検公式ガイドブックセレクション 4 級・5 級（2019-2023）

練習問題 2

次の(1)〜(4)の（　　）内に入れるのにもっとも適切なものを、それぞれ①〜③のなかから 1 つずつ選び、解答欄のその番号にマークしてください。

(1) Je te téléphonerai (　　　) deux jours.

   ① dans   ② en   ③ sur

(2) Lave-toi les mains (　　　) de manger.

   ① après   ② avant   ③ devant

(3) Le film finit (　　　) huit heures.

   ① derrière   ② sous   ③ vers

(4) Vous tournez (　　　) gauche.

   ① à   ② de   ③ sous   （20 秋）

解説

(1)　Je te téléphonerai (dans) deux jours.「2 日後に君に電話するよ」

動詞 téléphoner の単純未来形が使われており、（　　）deux jours「2 日〜」というところで未来の点が示されています。したがって空欄には、「〜後、〜たったら」を意味する前置詞① dans が入ります。②の en は、en France「フランスに（で）」などの場所のほか、 練習問題 1 (2)にあった通り、en 2020「2020 年に」など時間を表わすこともできます。en deux jours という表現も可能ですが、その場合は「2 日かかって」という行為や出来事が完結する所要時間の意味になり、文意が通りません。③ sur は「〜の上に（で）」を意味します。正解は① dans です。

筆記試験 6

(2) Lave-toi les mains (avant) de manger.「食事の前に手を洗いなさい」

① après は時間的に「～のあと」、② avant は時間的に「～の前」、③ devant は場所的に「～の前」を表わす前置詞です。文意から正解をみちびくこともできますが、de manger のように前置詞 de のついた動詞の不定詞の前に置くことのできる前置詞は avant のみです。〈avant de ＋不定詞〉「～する前に」という形で覚えておきましょう。ただし「食後に手を洗う」という可能性もなくはありません。その場合には après avoir mangé と完了形を用います。また de も必要ありません。したがって正解は ② avant です。

(3) Le film finit (vers) huit heures.「映画は 8 時ごろに終わります」

huit heures「8 時」という時間の前につくことのできる前置詞を選びます。① derrière は「うしろに」という場所を、また ② sous も「～下に（で）」という空間を示す前置詞です。③ vers は vers Paris「パリに向かって」のように方向も表わしますが、「～ごろ」という時間を意味することができます。vers huit heures で「8 時ごろ」となります。正解は ③ vers です。

(4) Vous tournez (à) gauche.「左に曲がってください」

gauche は「左」です。文意からして、適切な前置詞を選び、「左に」という方向を示すことが求められています。③ sous は基本的に「～の下に（で）」という空間を示す前置詞で、左右のような方向には使えません。② の de を用いた de gauche という表現もありますが、「（思想的に）左派の、左翼の」という意味になります。左右の方向を具体的に表わすことができるのは① à です。正解は① à です。「右に」は à droite となります。

解答 (1) ①　　(2) ②　　(3) ③　　(4) ①

71

仏検公式ガイドブックセレクション4級・5級（2019-2023）

練習問題3

次の(1)～(4)の（　　）内に入れるのにもっとも適切なものを、それぞれ①～③のなかから1つずつ選び、解答欄のその番号にマークしてください。

(1) Elles déjeunent (　　　　) un grand arbre.

① avant　　　　② entre　　　　③ sous

(2) Magali est encore (　　　　) la salle de bain ?

① après　　　　② chez　　　　③ dans

(3) Tu lis ce livre en anglais (　　　　) dictionnaire !

① depuis　　　　② sans　　　　③ vers

(4) (　　　　) mes copains, Nathalie est la plus intelligente.

① À　　　　② Parmi　　　　③ Pendant　　　（22秋）

解説

(1) Elles déjeunent (sous) un grand arbre.「彼女たちは大きな木の下で昼食をとります」

選択肢① avant は、 練習問題2 (2)でみたように、時間の順序を表わし「～よりも前に」を意味します。空間の位置関係を表わすのであれば、devant「～の前に、～の前を」を用います。ちなみに3級以上のレベルに関わりますが、〈avant＋場所〉「～の手前で」という表現があり、道順を示すときに用います。たとえば Tournez à droite avant la gare.「駅の手前で右に曲がりなさい」（『仏検公式基本語辞典』**avant**）などがその例です。② entre はうしろに A＋B という対になる名詞をともなって、「A と B の間に」という意味になります。③ sous は「～の下に、下で」を意味します。déjeuner「昼食をとる」

72

と un grand arbre「大きな木」との関係は空間的位置だと予想でき、選択肢のうちで唯一可能であるのは、「大きな木の下で昼食をとる」という意味だとわかります。正解は③ sous です。

⑵　Magali est encore (dans) la salle de bain ?「マガリはまだ浴室にいるの？」

　選択肢① après は avant と対をなし「～よりもあとに」という時間の順序を表わします。空間の位置関係を示す前置詞は derrière「～のうしろに」です。〈après ＋場所〉は、移動して進んだその先にあるという意味を表わす場合に使います。L'hôpital est juste après la poste.「病院は郵便局のすぐ先です」（『仏検公式基本語辞典』**après**）がその例です。② chez は〈chez ＋人〉という形で「～の家で、～の店（会社、事務所など）で」を意味します。③ dans にはさまざまな用法があり、 練習問題 2 ⑴で見た通り、「～後、～たったら」という未来の点を表すこともできます。ただし、「広がりのある、限定された空間のなかに」というのが基本的な意味です。〈dans ＋場所〉は「～のなかで」を表わします。設問はマガリのいる場所が問題になっており、la salle de bain「浴室」がつづくので、マガリは浴室内にいるという文が成立します。正解は③ dans です。

⑶　Tu lis ce livre en anglais (sans) dictionnaire !「辞書なしでこの英語の本を読むんだよ」

　選択肢① depuis は、 練習問題 1 ⑷にある通り、〈depuis ＋時間〉で「～からずっと、～以来」、〈depuis ＋場所〉で「～から」を意味します。② sans は〈sans ＋人、もの〉で「～なしに」を表わします。③ vers は 練習問題 2 ⑶で見たように、〈vers ＋場所〉で「～のほうへ、～に向かって」、〈vers ＋時期〉で「～のころに」を意味します。dictionnaire「辞書」という語がつづくので、「辞書なしで」という表現になるとわかります。正解は② sans です。

　なお sans のあとに来る名詞が特定のものでない限り、この設問文のように、うしろにつづく名詞に冠詞はつけません。さらにうしろに不定詞がくると「～することなしに」という意味になります。

⑷　(Parmi) mes copains, Nathalie est la plus intelligente.「私の友だちのなかでは、ナタリーが一番頭がいい」

仏検公式ガイドブックセレクション 4 級・5 級（2019-2023）

　設問の文が最上級の文である点に注目します。選ぶべき前置詞は、私の友だち「のなかで」という、比較の範囲となる複数の人の集合を示すものであると想定されます。選択肢① À には、前置詞としていくつもの用法がありますが、いずれも「ある一点を指定する」という意味が基本にあるため、いずれの意味でも、この場合の正解にはなりえません。② Parmi は「（3 人もしくは 3 つ以上の人、ものの集まり）の間で、なかで」を意味します。③ Pendant は 練習問題 1 (1)のように、〈pendant ＋時間、出来事〉で「～の間に」という期間を表わします。したがって正解は② Parmi です。

解答 (1) ③　　(2) ③　　(3) ②　　(4) ②

74

筆記試験 7

7

　フランス語の短文が 6 つ示されています。短文の下に提示されている 9 枚のイラストから、この 6 つの短文の内容に一致する場面を選択する問題です。配点 6。

　短文を読み、その内容を表現している絵を選びます。平易な構造の文を通して、単語の知識がためされます。

　短文の内容は、食事をとる、テレビを見る、料理をする、散歩をする、買い物をする、道を教える、といった日常生活のさまざまな場面を伝える表現が中心です。語彙の知識もこの範囲のものをしっかり身につけておきましょう。

75

練習問題 1

次の(1)〜(6)にもっともふさわしい絵を、下の①〜⑨のなかから1つずつ選び、解答欄のその番号にマークしてください。ただし、同じものを複数回用いることはできません。

(1) Camille attend son bus.
(2) Camille est assise par terre.
(3) Camille fait des courses.
(4) Camille mange toute seule.
(5) Camille prend l'escalier.
(6) Camille se repose dans sa chambre.

(22 春)

筆記試験 7

解 説

(1) Camille attend son bus. 「カミーユはバスを待っている」

女性がバス停でバスを待っているイラスト③が正解です。attend は、動詞 attendre の直説法現在の活用形で、直説法現在の活用は〈j'attends、tu attends、il / elle / on attend、nous attendons、vous attendez、ils / elles attendent〉です。同型活用の動詞には、descendre、entendre、perdre、rendre、répondre、vendre などがあります。

(2) Camille est assise par terre. 「カミーユは地面にすわっている」

女性が芝生の上にすわって本を読んでいるイラスト⑨が正解です。être assis(e) は「すわっている」状態を表わします。一方、代名動詞 s'asseoir は「すわる」動作を表わします。なお、par terre「地面に」という表現では、名詞 terre が無冠詞になります。

(3) Camille fait des courses. 「カミーユは買い物をする」

女性がスーパーで買い物をしているイラスト⑧が正解です。名詞 course には「走ること、レース」の他に複数形で「買い物」という意味があります。動詞 faire の現在形は〈je fais、tu fais、il / elle / on fait、nous faisons、vous faites、ils / elles font〉と活用します。fai は [fɛ フェ] と発音しますが、1人称複数の nous faisons では [fə フ] と発音します。vous の活用語尾が -ez ではなく、-es となる点にも注意してください。faire と同じように vous の活用語尾が -es となるのは、être (vous êtes) と dire (vous dites) のみですから、3つまとめて覚えておきましょう。

(4) Camille mange toute seule. 「カミーユはひとりきりで食べている」

女性が、ひとりで食事をしているイラスト④が正解です。「2人連れの女性」が食事をしているイラスト①や女性がバーのカウンターで「立ち飲みをしている」イラスト⑦ははずれです。ちなみに「飲む、酒を飲む」は boire です。動詞 manger は -er 動詞（第1群規則動詞）ですが、nous の活用形が nous mangeons となるので、注意しましょう。

なお、toute seule の tout は副詞です。副詞は変化しないはずですが、副詞の tout は子音または有音の h で始まる女性形容詞の前では性・数の変化をします。

(5) Camille prend l'escalier. 「カミーユは階段を使う」

77

女性が階段を上るイラスト⑥が正解になります。なお、prendre l'ascenseur「エレベーターに乗る」も合わせて覚えておきましょう。

動詞 prendre の直説法現在の活用は〈je prends、tu prends、il / elle / on prend、nous prenons、vous prenez、ils / elles prennent〉です。同型活用の動詞には apprendre、comprendre などがあります。

⑹ Camille se repose dans sa chambre.「カミーユは自分の部屋で休んでいる」

日本語の「休む」は「床につく」と「休息をとる」という2つの意味に用いますが、この問題の se reposer は後者の意味でのみ使われます。イラストを見ると、女性が芝生の上に座って本を読んでいるイラスト⑨のような場面についても se reposer という言い方ができそうですが、問題文には dans sa chambre「自分の部屋（寝室）で」とあるので、女性が部屋のソファで本を読んでいるイラスト⑤が正解です。

代名動詞 se reposer「休息する」の直説法現在の活用は〈je me repose, tu te reposes, il / elle / on se repose, nous nous reposons, vous vous reposez, ils / elles se reposent〉です。

練習問題 2

次の(1)〜(6)にもっともふさわしい絵を、下の①〜⑨のなかから1つずつ選び、解答欄のその番号にマークしてください。ただし、同じものを複数回用いることはできません。

(1) Marion appelle un ami.
(2) Marion casse un œuf.
(3) Marion entre dans l'ascenseur.
(4) Marion pleure.
(5) Marion rend un livre.
(6) Marion traverse la rivière.

(23 春)

仏検公式ガイドブックセレクション 4 級・5 級（2019-2023）

解説

(1) Marion appelle un ami.「マリオンは（男性の）友人に電話をかける」
　女性がスマートフォンで男性と話すイラスト③が正解です。appelle は、動詞 appeler の直説法現在の活用形です。appeler は -er 動詞（第一群規則動詞）で、その直説法現在の活用形は〈j'appelle、tu appelles、il / elle / on appelle、nous appelons、vous appelez、ils / elles appellent〉です。つまり、je、tu、il / elle / on、ils / elles では l が 2 つになります。同型活用の動詞には、rappeler などがあります。

(2) Marion casse un œuf.「マリオンは卵を 1 つ割る」
　女性が卵をボウルに割り入れるイラスト⑨が正解です。casse は動詞 casser の直説法現在の活用形です。casser は -er 動詞（第一群規則動詞）のグループに属します。

(3) Marion entre dans l'ascenseur.「マリオンはエレベーターに入る」
　女性がエレベーターに乗りこむイラスト④が正解です。entre は動詞 entrer の直説法現在の活用形です。entrer もまた -er 動詞（第一群規則動詞）のグループに属します。

(4) Marion pleure.「マリオンは泣いている」
　女性が悲しそうに涙を流すイラスト⑥が正解です。pleure は動詞 pleurer の直説法現在の活用形です。pleurer もまた -er 動詞（第一群規則動詞）のグループに属します。

(5) Marion rend un livre.「マリオンは本を 1 冊返す」
　女性が図書館のカウンターで本を 1 冊返却するイラスト①が正解です。rend は動詞 rendre の直説法現在の活用形です。rendre は、不定詞が -dre で終わる動詞のグループに属します。活用は〈je rends、tu rends、il / elle / on rend、nous rendons、vous rendez、ils / elles rendent〉です。**練習問題 1**
(1)にあったように、同型活用の動詞には attendre、descendre、entendre、répondre、vendre などがあります。

(6) Marion traverse la rivière.「マリオンは川を渡る」
　女性が裸足で川を横切るイラスト②が正解です。traverse は動詞 traverser の直説法現在の活用形です。traverser もまた -er 動詞（第一群規則動詞）の

80

筆記試験 7

グループに属します。

解答 (1) ③ (2) ⑨ (3) ④ (4) ⑥ (5) ① (6) ②

81

練習問題 3

次の(1)〜(6)にもっともふさわしい絵を、下の①〜⑨のなかから1つずつ選び、解答欄のその番号にマークしてください。ただし、同じものを複数回用いることはできません。

(1) Jérémie coupe du pain.
(2) Jérémie court vite.
(3) Jérémie met ses gants.
(4) Jérémie monte dans un train.
(5) Jérémie nage bien.
(6) Jérémie rencontre une amie.

(23秋)

筆記試験 ⑦

解 説

(1) Jérémie coupe du pain.「ジェレミーはパンを切る」

　男性がバゲット（フランスパン）にナイフを入れて切っているイラスト⑤が正解です。coupe は動詞 couper「切る」の直説法現在の活用形です。couper は -er 動詞（第 1 群規則動詞）のグループに属します。

(2) Jérémie court vite.「ジェレミーは速く走る」

　男性が全速力で走っているイラスト①が正解です。court は動詞 courir「走る」の直説法現在の活用形です。courir は -ir で終わっていますが、-ir 動詞（第 2 群規則動詞）のグループには属しません。直説法現在の活用は〈je cours、tu cours、il / elle / on court、nous courons、vous courez、ils / elles courent〉です。

(3) Jérémie met ses gants.「ジェレミーは手袋をはめる」

　男性が片手にはすでに手袋をしていて、今まさにもう一方の手に手袋をはめているイラスト⑧が正解です。met は動詞 mettre の直説法現在の活用形です。直説法現在の活用は〈je mets、tu mets、il / elle / on met、nous mettons、vous mettez、ils / elles mettent〉です。なお、mettre と porter の使い分けに注意しましょう。mettre は「身につける」を、porter は「身につけている」を意味しますから、手袋をして歩いているイラスト②なら、Jérémie porte ses gants. となります。

(4) Jérémie monte dans un train.「ジェレミーは電車に乗る」

　男性が電車に乗り込もうとしているイラスト③が正解です。monte は動詞 monter「乗り込む」の直説法現在の活用形です。monter も -er 動詞（第 1 群規則動詞）のグループに属します。なお、monter の反意語は descendre ですから、電車から降りようとしているイラスト⑦なら、Jérémie descend du train. となります。

(5) Jérémie nage bien.「ジェレミーは泳ぎがうまい」

　男性がプールで、美しいフォームでクロールを泳いでいるイラスト⑥が正解です。nage は動詞 nager「泳ぐ」の直説法現在の活用形です。nager も -er 動詞（第 1 群規則動詞）のグループに属しますが、 練習問題 1 (4)でみた manger と同様に、[ʒ ジュ] の音を保つために、nous は nous nageons となります。

83

仏検公式ガイドブックセレクション 4 級・5 級 (2019-2023)

⑹ Jérémie rencontre une amie.「ジェレミーは女友だちに偶然会う」

　男性がカフェのテラスにすわっている女性に、手で合図をしながら歩いて近づいてくるイラスト④が正解です。rencontre は動詞 rencontrer「出会う」の直説法現在の活用形です。rencontrer も -er 動詞（第 1 群規則動詞）のグループに属します。

解答　(1) ⑤　　(2) ①　　(3) ⑧　　(4) ③　　(5) ⑥　　(6) ④

8

　会話を読んで、6つの日本語の文がその内容に一致しているかどうかを答える問題です。配点6。

　10〜15行程度の会話を読み、日本語で書かれた6つの文がその会話の内容に一致しているかどうかを判断します。会話の話題は、6つの日本語の文を読むことである程度、推測されるはずです。また2人の話者がどのような間柄であるかがわかると会話の流れがつかみやすくなることもあります。

仏検公式ガイドブックセレクション 4 級・5 級（2019-2023）

練習問題 1

　次の会話を読み、下の(1)〜(6)について、会話の内容に一致する場合は解答欄の①に、一致しない場合は②にマークしてください。

Sandrine : Allô, Pierre ? C'est moi Sandrine.

　Pierre : Bonjour Sandrine.

Sandrine : Tu as bien dormi ?

　Pierre : Oui, j'étais très fatigué hier soir. Je me suis couché sans manger.

Sandrine : Ah bon. Tu as beaucoup marché ?

　Pierre : Oui. J'ai visité deux musées le matin et le vieux quartier l'après-midi.

Sandrine : Tu as aimé la ville ?

　Pierre : Oui, beaucoup.

Sandrine : Et qu'est-ce que tu vas faire aujourd'hui ?

　Pierre : Je vais voir le château et ses jardins. Tu m'accompagnes ?

Sandrine : Avec plaisir, je ne travaille pas aujourd'hui. J'arrive à ton hôtel dans une demi-heure, si tu veux ?

　Pierre : D'accord.

(1) ピエールはきのうの夜、よく眠れた。

(2) ピエールはきのうの夜、寝る前に食事をとった。

(3) ピエールはきのう午前中に、旧市街に行った。

(4) ピエールは、この町が大好きになった。

86

筆記試験 8

---

(5) ピエールとサンドリーヌは、きょうは城と庭を見学するつもりだ。

(6) サンドリーヌは、1時間後にピエールのホテルに行く。

(19 春)

解説

　ピエールは旅行中で、サンドリーヌの住む街を観光しています。サンドリーヌがピエールに電話をかけ、様子を尋ねると、きのうの午前中に美術館を2つ、午後に旧市街を見学したとのこと。きょうは城と庭園をいっしょに見学しないかと、サンドリーヌを誘います。

(1) 「ピエールはきのうの夜、よく眠れた」

　Tu as bien dormi ?「よく眠れた？」というサンドリーヌの質問に、ピエールは、Oui, j'étais très fatigué hier soir.「うん、きのうの夜はとても疲れていたんだ」と返答していますから、設問文は会話の内容に一致しています。正解は①です。

(2) 「ピエールはきのうの夜、寝る前に食事をとった」

　ピエールは、Je me suis couché sans manger.「食事もせずに寝た」と付け加えていますから、設問文は会話の内容に一致しません。正解は②です。

(3) 「ピエールはきのう午前中に、旧市街に行った」

　サンドリーヌの Tu as beaucoup marché ?「たくさん歩いたの？」という質問に、ピエールは、Oui. J'ai visité deux musées le matin et le vieux quartier l'après-midi.「うん、ぼくは午前中に美術館を2つ、午後に旧市街を見学したよ」と返答していますから、設問文は会話の内容に一致していません。正解は②です。

(4) 「ピエールは、この町が大好きになった」

　サンドリーヌの Tu as aimé la ville ?「この町が好きになった？」という質問に、ピエールは、Oui, beaucoup.「うん、とても」と返答していますから、設問文は会話の内容に一致します。正解は①です。

(5) 「ピエールとサンドリーヌは、きょうは城と庭を見学するつもりだ」

　Et qu'est-ce que tu vas faire aujourd'hui ?「それできょうは何をするつも

87

仏検公式ガイドブックセレクション4級・5級（2019-2023）

りなの」とサンドリーヌが尋ねます。Je vais voir le château et ses jardins. Tu m'accompagnes ?「これから城と庭を見学するつもりなんだ。いっしょに来ない？」というピエールの誘いに、サンドリーヌは Avec plaisir, je ne travaille pas aujourd'hui.「喜んで。きょうは仕事がないの」と返答していますから、設問文は会話の内容に一致します。正解は①になります。なお、ses jardins の ses は、この場合 le château「城」をうけています。つまり ses jardins で、城の敷地の中にある複数の庭園を指しています。

(6)「サンドリーヌは、1時間後にピエールのホテルに行く」

　サンドリーヌは、J'arrive à ton hôtel dans une demi-heure, si tu veux ?「30分後にあなたのホテルに行くわ、それでいい？」と言い添えていますから、設問文は会話の内容に一致しません。正解は②になります。「1時間後」ならば、dans une heure になるはずです。

解答　(1) ①　　(2) ②　　(3) ②　　(4) ①　　(5) ①　　(6) ②

88

筆記試験 8

練習問題 2

次の会話を読み、下の(1)～(6)について、会話の内容に一致する場合は解答欄の①に、一致しない場合は②にマークしてください。

Yoko : Bonjour madame. Vous lisez un journal en français. Vous êtes française ?

Lucie : Non, je viens du Canada.

Yoko : Vous êtes touriste ?

Lucie : Non, je travaille à Tokyo depuis deux ans.

Yoko : Ah, bon ! Moi, je suis étudiante à Tokyo. Je vais passer le week-end chez mes grands-parents à Kyoto.

Lucie : Je descends à Kyoto, moi aussi. J'ai visité cette ville l'an dernier. Cette fois, je vais voir Nara.

Yoko : Vous changez de train à Kyoto ?

Lucie : Oui, c'est ça.

Yoko : Vous avez de la chance ! La ville de Nara est très belle maintenant : les arbres prennent leurs couleurs d'automne.

(1) リュシーはフランス人である。

(2) リュシーは現在カナダで働いている。

(3) ヨーコは週末を京都で過ごす。

(4) リュシーは京都に行ったことがない。

(5) リュシーは京都で電車を乗り換える。

(6) ヨーコによれば、いま奈良は紅葉で美しい。 (19 秋)

89

仏検公式ガイドブックセレクション4級・5級（2019-2023）

解説

　東京発の新幹線の車中で、フランス語の新聞を読んでいるリュシーにヨーコが話しかけます。リュシーはカナダ出身で、現在は東京で働いています。東京で学生生活を送るヨーコは週末を京都で過ごす予定で、リュシーは奈良を訪ねるつもりです。

(1)　「リュシーはフランス人である」

　Vous êtes française ?「あなたはフランス人ですか」というヨーコの質問に、リュシーは、Non, je viens du Canada.「いいえ、私はカナダ出身です」と返答していますから、設問文は会話の内容に一致していません。正解は②です。

(2)　「リュシーは現在カナダで働いている」

　Vous êtes touriste ?「あなたは旅行者ですか」と尋ねるヨーコに、リュシーは、Non, je travaille à Tokyo depuis deux ans.「いいえ、2年前から東京で働いています」と答えていますから、設問文は会話の内容に一致しません。正解は②です。

(3)　「ヨーコは週末を京都で過ごす」

　リュシーの言葉をうけてヨーコは、Moi, je suis étudiante à Tokyo. Je vais passer le week-end chez mes grands-parents à Kyoto.「私は東京で大学に通っています（←私は東京の学生です）。この週末を京都の祖父母のところで過ごすんです」と言っていますから、設問文は会話の内容に一致しています。正解は①です。

(4)　「リュシーは京都に行ったことがない」

　ヨーコの言葉に対してリュシーは、Je descends à Kyoto, moi aussi. J'ai visité cette ville l'an dernier. Cette fois, je vais voir Nara.「私も京都で降りるんです。この町（京都）は去年訪れたから、今回は奈良を見物するつもりなの」と言っていますから、設問文は会話の内容に一致しません。正解は②です。

(5)　「リュシーは京都で電車を乗り換える」

　Vous changez de train à Kyoto ?「京都で電車を乗り換えるんですか」と聞くヨーコに、リュシーは Oui, c'est ça.「ええ、その通り」と返答してい

筆記試験 8

ますから、設問文は会話の内容に一致しています。正解は①です。

(6) 「ヨーコによれば、いま奈良は紅葉で美しい」

ヨーコはリュシーに、Vous avez de la chance ! La ville de Nara est très belle maintenant : les arbres prennent leurs couleurs d'automne.「ついてますね。奈良の町はいまとても美しいですよ。木々が秋の色に染まって」と言っていますから、設問文は会話の内容に一致しています。正解は①です。

解答 (1) ②　　(2) ②　　(3) ①　　(4) ②　　(5) ①　　(6) ①

91

仏検公式ガイドブックセレクション 4 級・5 級（2019-2023）

練習問題 3

次の会話を読み、下の(1)〜(6)について、会話の内容に一致する場合は解答欄の①に、一致しない場合は②にマークしてください。

Théo : Tu te souviens de mon frère Laurent ?

Lili : Bien sûr ! Il va bien ?

Théo : Oui ! Il vient d'ouvrir un petit restaurant japonais à Paris.

Lili : Ah, bon ! Il fait la cuisine lui-même ?

Théo : Oui, il a vécu sept ans à Kyoto pour apprendre la cuisine japonaise.

Lili : C'est formidable ! Il est où, ce restaurant ?

Théo : Pas très loin de chez toi.

Lili : Si tu veux, on y va ensemble vendredi soir ?

Théo : Pourquoi pas ! Je passe vers six heures à ton appartement ?

Lili : D'accord !

(1) ロランはパリに日本料理のレストランを開店した。

(2) ロランは自分で料理もする。

(3) ロランは日本で料理を学んだ経験はない。

(4) ロランの店はリリの自宅から遠い。

(5) テオとリリがロランの店へ行くのは金曜の夜である。

(6) テオとリリは 6 時頃にロランの店で待ち合わせをする。

(22 秋)

筆記試験 8

解説

　テオの兄弟ロランは、パリに日本料理のレストランを開店したところです。リリがテオに詳細を尋ねると、ロランは京都で7年間修行し、調理も自ら手がけるとのこと。さらにそのレストランがリリの家からさほど遠くないところにあるとわかり、リリはテオを誘って、そこに出かけることにします。

(**1**)　「ロランはパリに日本料理のレストランを開店した」

　Il vient d'ouvrir un petit restaurant japonais à Paris.「ロランはパリに小さな日本料理のレストランを開店したところなんだ」とテオが言っているので、設問文は会話の内容に一致します。正解は①です。

(**2**)　「ロランは自分で料理もする」

　Il fait la cuisine lui-même ?「ロランは自分で料理もするの？」というリリの質問に、テオは Oui「そうだよ」と答えているので、設問文は会話の内容に一致します。正解は①です。

(**3**)　「ロランは日本で料理を学んだ経験はない」

　Oui, il a vécu sept ans à Kyoto pour apprendre la cuisine japonaise.「そうだよ、ロランは日本料理を学ぶために、7年間京都で暮らしたんだ」とテオが言っているので、設問文は会話の内容に一致しません。正解は②です。

(**4**)　「ロランの店はリリの自宅から遠い」

　Il est où, ce restaurant ?「そのレストランは、どこにあるの」というリリの質問に、テオは Pas très loin de chez toi.「君の家からそれほど遠くない」と答えているので、設問文は会話の内容に一致しません。正解は②です。

　なおテオの答えは Il n'est pas très loin de chez toi. という文から Il n'est を省略した形で、特に会話ではよく用いられます。loin de...「～から遠くに」と près de...「～の近くに」は対で覚えておきましょう。

(**5**)　「テオとリリがロランの店へ行くのは金曜の夜である」

　Si tu veux, on y va ensemble vendredi soir ?「よかったら金曜の夜にロランの店にいっしょに行こうか」というリリの誘いにテオは Pourquoi pas !「いいとも」と答えているので、設問文は会話の内容に一致します。正解は①です。

(**6**)　「テオとリリは6時頃にロランの店で待ち合わせをする」

93

仏検公式ガイドブックセレクション 4 級・5 級（2019-2023）

Je passe vers six heures à ton appartement ?「6 時ごろ、君のアパルトマンに寄ろうか」とテオが提案して、リリも D'accord !「わかった」と言っているので、待ち合わせの場所はリリの家であり、設問文は会話の内容に一致しません。正解は ② です。

解答 (1) ①　　(2) ①　　(3) ②　　(4) ②　　(5) ①　　(6) ②

聞き取り試験 １

聞き取り試験

$$\boxed{1}$$

　４つのフランス語の文をそれぞれ３回ずつ聞き、６枚のイラストのなかから各文の内容に一致するものを選択する問題です。配点８。

　レストラン、ホテル、駅、お店、郵便局などで使う表現や、天候に関する表現、道を尋ねたり、教えたりする表現など、日常生活で使われる平易な文を聞き取ります。フランス語を正しく聞き取っているか、その文の意味を理解しているかがためされます。

　聞き取り問題に正解するには、ふだんからフランス語の音に慣れておく必要があります。そのためにはフランス語の文をまず自分で正しく発音できるように繰り返し音読の練習をしてください。教材などについている音声を有効に活用してネイティブの音に慣れておきましょう。

　発音記号の仮名表記については p. 11 を参照してください。

95

仏検公式ガイドブックセレクション 4 級・5 級（2019-2023）

練習問題 1

・フランス語の文(1)〜(4)を、それぞれ 3 回ずつ聞いてください。
・それぞれの文にもっともふさわしい絵を、下の①〜⑥のなかから 1 つずつ選び、解答欄のその番号にマークしてください。ただし、同じものを複数回用いることはできません。
（メモは自由にとってかまいません）

[音声を聞く順番]　**01** → **02**

(1)

(2)

(3)

(4)

（21 春）

聞き取り試験 $\boxed{1}$

〈読まれる文〉

⑴ À demain.

⑵ Après vous, madame.

⑶ Dépêchons-nous !

⑷ L'addition, s'il vous plaît !

解説

⑴ À demain.「では、またあした」

　扉の前で女性が片手を軽く上げて、同じく片手を上げている別の女性に言葉をかけているイラスト②が正解になります。別れ際に、「では、また〜（に会いましょう）」という表現に、〈À ＋時間表現〉があります。demain は「あした」であるので、À demain. は、「では、またあした」を意味します。

　ほかにも、À bientôt.「では、また近いうちに」、À la semaine prochaine.「では、また来週（に）」、À lundi.「では、また月曜日に」など、別れ際に使う、〈À ＋時間表現〉に慣れておきましょう。

⑵ Après vous, madame.「お先にどうぞ」

　建物の入り口で、女性が扉を押し開け、杖をついている年配の女性に、何か言っているイラスト⑤が正解になります。après は「〜の後に」を示しますので、直訳すると Après vous は「あなたの後に」となります。つまり、「私は、あなたの後に行きます（通ります）」という意味で、人のために扉を開けて、閉まらないように押さえていてあげるときや、順番をゆずるときに使う定型表現になります。madame は女性への呼びかけです。

⑶ Dépêchons-nous !「急ぎましょう」

　母親とおぼしき女性が腕時計を見ながら、手をつないでいる子どもに何か言っているイラスト④が正解になります。Dépêchons-nous は代名動詞 se dépêcher「急ぐ」の nous に対する命令法の活用形になります。女性が子どもに向かって、いっしょに急ぐよう呼びかけているので、nous に対して言っていることになります。

　なお、代名動詞の命令法では、動詞の活用形の後に - で再帰代名詞（se の

97

変化した強勢形代名詞で、toi、nous、vous のうち、主語の人称に対応する形)
をつなぎます。

⑷　L'addition, s'il vous plaît !「会計をお願いします」
　カップが置かれているテーブル席で、女性客が軽く手を上げながらウェイターに何か言っているイラスト⑥が正解になります。L'addition, s'il vous plaît ! は、飲食店のテーブル席で、会計をする意思を店員に示す定型表現です。

解答　(1) ②　　(2) ⑤　　(3) ④　　(4) ⑥

練習問題 2

・フランス語の文(1)〜(4)を、それぞれ 3 回ずつ聞いてください。
・それぞれの文にもっともふさわしい絵を、下の①〜⑥のなかから 1 つずつ選び、解答欄のその番号にマークしてください。ただし、同じものを複数回用いることはできません。
（メモは自由にとってかまいません）

[音声を聞く順番]　03 → 04

(1)
(2)
(3)
(4)

①

②

③

④

⑤

⑥

(22 秋)

仏検公式ガイドブックセレクション 4 級・5 級（2019-2023）

（読まれる文）

(1)　Ça a l'air bon.

(2)　Ce n'est pas grave.

(3)　N'oublie pas ton parapluie !

(4)　Quelle belle musique !

解 説

(1)　Ça a l'air bon.「おいしそう」

　男性がケーキなどの並ぶショーケースをのぞきこんで、嬉しそうに発言するイラスト④が正解です。〈avoir l'air ＋形容詞〉「（人、ものの様子が）〜のようだ」に形容詞 bon がつづいています。bon には「よい、すぐれた、正しい」などさまざまな語義がありますが、この場合は「おいしい」という意味で使われています。

(2)　Ce n'est pas grave.「たいしたことではないよ」

　割れたコップを前に、しょんぼりした男の子の肩に手をやり、励ましている男性のイラスト②が正解です。Ce n'est pas grave. は、何かを謝罪されたり、問題となる事態を告げられたり想定したりしたときに、それが重大なことではないと伝えるために使われます。

(3)　N'oublie pas ton parapluie.「傘を忘れないで」

　出て行こうとする女性に対して、男性が傘を指さしながら呼びかけるイラスト③が正解です。N'oublie pas[nublipɑ ヌブリパ]「忘れないで」という動詞 oublier「忘れる」の否定命令はもちろん、parapluie[paraplɥi パラプリュイ]「傘」という語を聞き取るのがポイントになります。

(4)　Quelle belle musique !「なんて美しい音楽だろう」

　男性がバイオリンの音色に聞き入るイラスト⑤が正解です。〈quel / quelle / quels / quelles ＋名詞〉で「なんという〜でしょう」という感嘆文を作ることができます。

解 答　(1) ④　　(2) ②　　(3) ③　　(4) ⑤

聞き取り試験 1

練習問題 3

・フランス語の文(1)〜(4)を、それぞれ 3 回ずつ聞いてください。
・それぞれの文にもっともふさわしい絵を、下の①〜⑥のなかから 1 つずつ選び、解答欄のその番号にマークしてください。ただし、同じものを複数回用いることはできません。
（メモは自由にとってかまいません）

［音声を聞く順番］　**05** → **06**

(1)
(2)
(3)
(4)

①  ②

④  ⑤  ⑥

（23 春）

仏検公式ガイドブックセレクション 4 級・5 級（2019-2023）

（読まれる文）

(1) Je te présente mon oncle.

(2) Excusez-moi, madame !

(3) À votre santé !

(4) Bonne soirée !

解 説

(1) Je te présente mon oncle.「ぼくの伯父（叔父）を紹介するよ」

　男性が年上の男性を示しながら、女性に話しかけるイラスト④が正解です。動詞は présenter A à B「A を B に紹介する」です。à B にあたる間接目的語が te「君に」になっています。Je te présente... / Je vous présente...「君に / あなたに～を紹介します」という紹介の表現として覚えておきましょう。mon oncle「ぼくの伯父（叔父）」が [mɔ̃nɔ̃:kl モンノーンクル] とひとつづきに発音される点にも注意してください。

(2) Excusez-moi, madame !「すみません、（マダム）」

　年上の女性とぶつかってしまう男性のイラスト⑤が正解です。Excusez-moi. / Excuse-moi. は、詫びるときだけでなく、道などを尋ねるときや通るときの呼びかけにも使われます。類似表現として、Pardon.「すみません」があります。Pardon は上記の用法のほか、相手の発言を聞き返すときにも使えます。また、Je suis désolé(e).「申し訳ありません」は改まった謝罪の表現です。合わせて確認しておきましょう。

(3) À votre santé !「（健康を祝して）乾杯」

　男性が同年代の男女 3 人とグラスを合わせるイラスト②が正解です。À votre santé. は「あなたの健康を祈念して」という意味で、乾杯の音頭をとる際の決まり文句です。

(4) Bonne soirée !「さようなら（よい晩を）」

　男性が同僚らしき女性に、手をふって別れようとしているイラスト①が正解です。〈Bon(ne)(s) ＋名詞〉の形で、別れの挨拶としてよく使われます。

聞き取り試験 1

Bonne journée !「よい1日を」、Bon week-end !「よい週末を」、Bonnes vacances !「よい休暇を」などがその例です。夕方か夜、人に会ったときの挨拶 Bonsoir.「こんばんは」も、別れ際に使われると「おやすみ、さようなら」という意味になります。

解答 (1) ④　　(2) ⑤　　(3) ②　　(4) ①

103

仏検公式ガイドブックセレクション 4 級・5 級（2019-2023）

2

　4 つのフランス語の質問をそれぞれ 3 回ずつ聞き、各質問に 2 つずつ用意された選択肢から、応答としてふさわしい表現を選ぶ問題です。配点 8。
　聞き取る質問文は、疑問代名詞、疑問形容詞、疑問副詞をふくむ疑問文が中心です。さまざまな疑問詞の違いを音で聞き分けられること、またそれぞれの疑問詞が使われている質問に適切に答えられることが求められます。
　疑問詞のない疑問文には、oui、non、si を正しく使い分けて答えられるようにしておきましょう。

疑問代名詞

　「人」について尋ねる　　　　　　　　　　　　　Ⓢ：主語　　Ⓥ：動詞

　　Qui + Ⓥ ? / Qui est-ce qui + Ⓥ ?「だれが〜」

　　Qui + Ⓥ + Ⓢ ? / Qui est-ce que + Ⓢ + Ⓥ ? / Ⓢ + Ⓥ + qui ?「だれを〜」

　　Qui est-ce ? / C'est qui ?「だれですか」

　　前置詞 + qui + Ⓥ + Ⓢ ? / 前置詞 + qui est-ce que + Ⓢ + Ⓥ ? /
　　Ⓢ + Ⓥ + 前置詞 + qui ?「だれに（と、について…）〜」

　「もの、事がら」について尋ねる

　　Qu'est-ce qui + Ⓥ ?「何が〜」

　　Que + Ⓥ + Ⓢ ? / Qu'est-ce que + Ⓢ + Ⓥ ? / Ⓢ + Ⓥ + quoi ?「何を〜」

　　Qu'est-ce que c'est ? / C'est quoi ?「これは何ですか」

　　前置詞 + quoi + Ⓥ + Ⓢ ? / 前置詞 + quoi est-ce que + Ⓢ + Ⓥ ? /
　　Ⓢ + Ⓥ + 前置詞 + quoi ?「何に（で、について…）〜」

疑問形容詞

　関係する名詞の性・数に一致し、名詞の内容が「何」であるかを尋ねる。

　　quel　（男性・単数）　　　　　quelle　（女性・単数）
　　quels　（男性・複数）　　　　　quelles　（女性・複数）

疑問副詞

　　Où + Ⓥ + Ⓢ ? / Où est-ce que + Ⓢ + Ⓥ ? / Ⓢ + Ⓥ + où ?
　　　　　　　　　　　　　　　　　　　　　「どこに（へ）〜」

　　quand　　　「いつ」　　　　　comment　　「どのように」
　　combien (de)「どれだけ」　　　pourquoi　　「なぜ」

聞き取り試験 2

練習問題 1

・フランス語の質問(1)〜(4)を、それぞれ 3 回ずつ聞いてください。
・(1)〜(4)の質問に対する応答として適切なものを、それぞれ①、②から選び、解答欄のその番号にマークしてください。
（メモは自由にとってかまいません）

［音声を聞く順番］ **07** → **08**

(1) ① Il est midi et quart.
② Tournez à gauche au deuxième feu.

(2) ① Je viens de Paris.
② Je viens en train.

(3) ① La cuisine chinoise.
② L'anglais et le japonais.

(4) ① Non, pas du tout.
② Oui, beaucoup.

(21 春)

（読まれる質問）

(1) Pour aller à la gare, s'il vous plaît ?
(2) D'où venez-vous ?
(3) Quelles langues parlez-vous ?
(4) Tu n'aimes pas le sport ?

105

仏検公式ガイドブックセレクション 4 級・5 級（2019-2023）

解 説

(1) Pour aller à la gare, s'il vous plaît ?「すみませんが、駅に行くには？」

　この質問に対する応答は、② Tournez à gauche au deuxième feu.「2 つめの信号を左に曲がってください」が正解です。まず、Pour aller à la gare で「駅に行くには」と言われていますので、道順を聞かれていることがわかります。そして、道順を示している応答は、Tournez à gauche au deuxième feu. の文です。① Il est midi et quart.「（昼の）12 時 15 分です」は質問に対応していません。①の文が正解になるには、Quelle heure est-il ?「何時ですか」のような、質問に時間を問う文がなければなりません。

(2) D'où venez-vous ?「どちらからいらしたのですか」

　この質問に対する応答文は、① Je viens de Paris.「パリからです」が正解です。質問の冒頭の D'où[du ドゥ] が聞きとれなければ正解できません。D'où は、前置詞 de と、場所を聞く疑問詞 où がエリジョンした形で、「どこから」を示しますので、質問の文は、相手に起点の場所をきいていることになります。② Je viens en train.「電車で来ました」は質問に対応していません。②が正解になるには、Vous venez comment ?「どうやって来るの（来たん）ですか」のような、移動手段を問う質問が想定されます。

(3) Quelles langues parlez-vous ?「どの言語を話しますか」

　この質問に対する応答文は、② L'anglais et le japonais.「英語と日本語」が正解です。langues「言語」は女性複数形ですから、その前についているのは、疑問形容詞 quel がそれにかかる名詞の性数に対応して変化した形で、「どの」を示します。parlez は parler の活用形なので、質問では、話す言語がきかれていることがわかります。① La cuisine chinoise.「中華料理」は質問に対応していません。① La cuisine chinoise. が正解になるには、Vous aimez quelle cuisine ?「どんな料理が好きですか」のような、好みを問う質問が想定されます。

　なお、anglais、japonais、chinois は、名詞（「英語」「日本語」「中国語」）にも形容詞（anglais, anglaise「英語の（イギリスの、イギリス人の）」、japonais, japonaise「日本語の（日本の、日本人の）」、chinois, chinoise「中国語の（中国の、中国人の）」にもなります。さらに、Anglais / Anglaise、Japonais / Japonaise、Chinois / Chinoise として使う場合、それぞれ「イギリス人」「日本人」「中国人」を示します。Elle habite avec une Française.「彼

106

聞き取り試験 2

女はフランス人女性と一緒に住んでいます」(『仏検公式基本語辞典』
Français, Française)のような例が参考になります。

(4) Tu n'aimes pas le sport ?「スポーツは好きじゃないの？」
　この質問に対する応答文は、① Non, pas du tout. が正解です。一見、どちらの選択肢も正解になりそうですが、質問文が否定疑問文ですので、① Non, pas du tout. を日本語にすると「はい、全然（好きではありません）」となります。② Oui, beaucoup.「はい、ひじょうに」の oui は否定疑問文の答えにはなりえません。もし「いいえ、とても（好きです）」と答えたいのであれば、Si, beaucoup. と答えなければなりません。フランス語では、否定の疑問に対する肯定の答えには si を用いるのです。このとき、フランス語の Si. / Non. と、日本語の「いいえ」「はい」が逆になることに気をつけましょう。日本語の「はい」「いいえ」は相手が述べた文の内容が正しいか、正しくないかを表わしますが、フランス語の Oui. / Si. / Non. は自分の答えが肯定文か否定文かを表わします。

解答　(1) ②　　(2) ①　　(3) ②　　(4) ①

107

仏検公式ガイドブックセレクション 4 級・5 級（2019-2023）

練習問題 2

・フランス語の質問(1)～(4)を、それぞれ 3 回ずつ聞いてください。
・(1)～(4)の質問に対する応答として適切なものを、それぞれ①、②から
選び、解答欄のその番号にマークしてください。
（メモは自由にとってかまいません）

[音声を聞く順番]　**09** → **10**

(1) ① À la gare.
　　② En bus.

(2) ① À l'entrée.
　　② Vers quatre heures.

(3) ① J'aime voyager.
　　② Je cours le soir.

(4) ① Oui, ce week-end.
　　② Oui, j'en ai trois.

(22 春)

（読まれる質問）

(1) Elle vient comment ?

(2) Où est-ce que tu attends Chloé ?

(3) Quel sport faites-vous ?

(4) Vous avez des cours le mardi ?

108

聞き取り試験 ②

解説

(1) Elle vient comment ?「彼女はどうやって来ますか」

　会話ではよくあることですが、この疑問文では「移動手段」を問う疑問副詞 comment が文末に置かれています。この comment[kɔmɑ̃ コマン] を聞きとれれば、彼女が「どうやって来るのか」が問われていることがわかります。選択肢は① À la gare.「駅に」、② En bus.「バスで」ですから、②が正解です。

(2) Où est-ce que tu attends Chloé ?「どこでクロエを待つの」

　文の冒頭の疑問詞 Où[u ウ] が聞き取れれば、「場所」を尋ねていることがわかります。選択肢は① À l'entrée.「入り口で」、② Vers quatre heures.「4 時ごろ」なので、①が正解です。

(3) Quel sport faites-vous ?「どんなスポーツをやりますか」

　文頭の疑問形容詞 quel は、それにかかる名詞の性数に対応して変化して、「どの」を意味します。選択肢は① J'aime voyager.「旅行するのが好きです」、② Je cours le soir.「毎晩走っています」ですから、②が正解です。

　なお、faites は、動詞 faire の活用形です。cours は、動詞 courir の直説法現在の活用形です。

(4) Vous avez des cours le mardi ?「火曜日は授業がありますか」

　選択肢は① Oui, ce week-end.「はい、この週末」、② Oui, j'en ai trois.「はい、3 つあります」ですから、②が正解です。ちなみに Oui, j'en ai trois. は Oui, j'ai trois cours. ということです。

　なお、le mardi についてですが、曜日の名詞に定冠詞をつけると、「毎〜曜日」を意味します。ここでは le mardi と単数形ですが、複数形 (tous) les mardis でも同じ意味になります。冠詞がないと、話している時点から見て直近の火曜日という意味になり、どの火曜日かが限定されます。

解答　(1) ②　　(2) ①　　(3) ②　　(4) ②

109

仏検公式ガイドブックセレクション4級・5級（2019-2023）

練習問題 3

・フランス語の質問(1)～(4)を、それぞれ3回ずつ聞いてください。
・(1)～(4)の質問に対する応答として適切なものを、それぞれ①、②から
選び、解答欄のその番号にマークしてください。
（メモは自由にとってかまいません）

［ 音声を聞く順番 ］ ❶ → ❷

(1) ① À New York.
    ② Bientôt trois ans.

(2) ① Deux tickets, s'il vous plaît.
    ② Une tarte aux pommes, s'il vous plaît.

(3) ① Non, pas encore.
    ② Oui, le mois prochain.

(4) ① Non, seulement dix euros.
    ② Oui, je suis occupé.

(23 春)

（読まれる質問）

(1) Quel âge a-t-elle, votre petite-fille ?
(2) Qu'est-ce que vous prenez comme dessert ?
(3) Elle est déjà partie en vacances ?
(4) C'est cher ?

聞き取り試験 2

解 説

(1) Quel âge a-t-elle, votre petite-fille ?「あなたの（女の子の）お孫さんは、何歳ですか」

冒頭の Quel âge[kɛlɑ:ʒ ケラージュ]「何歳」が聞き取れれば、「年齢」を尋ねていることがわかります。選択肢を見ると ① À New York.「ニューヨークに」、② Bientôt trois ans.「もうすぐ 3 歳です」ですから、②が正解です。

(2) Qu'est-ce que vous prenez comme dessert ?「デザートは何になさいますか」

文末の dessert[desɛ:r デセーる]「デザート」の音と意味がポイントです。「デザート」なので、選択肢① Deux tickets, s'il vous plaît.「チケット 2 枚、お願いします」ではなく、② Une tarte aux pommes, s'il vous plaît.「りんごのタルトをお願いします」が答えとしてふさわしいのがわかります。②が正解です。

なお、Qu'est-ce que...comme...「〜としては何を〜」はとても便利な表現なので、覚えておきましょう。Qu'est-ce que vous avez comme dessert ?「デザートには何がありますか」（『仏検公式基本語辞典』**comme**）、Qu'est-ce que tu fais comme sport ?「スポーツでは何をやっているの」といった例があげられます。

(3) Elle est déjà partie en vacances ?「彼女はもうバカンスに出発したのですか」

複合過去形、さらに déjà[deʒa デジャ]「もう、すでに」という副詞がポイントです。

選択肢を見ると ① Non, pas encore.「いいえ、まだです」、② Oui, le mois prochain.「はい、来月に」ですから、①が正解です。déjà と ne...pas encore「まだ〜していない」が対になる点に注意しましょう。

(4) C'est cher ?「それは高いですか」

cher[ʃɛ:r シェーる]「値が高い」という形容詞の音と意味がポイントです。選択肢は ① Non, seulement dix euros.「いいえ、たった 10 ユーロです」、② Oui, je suis occupé.「はい、私は忙しいです」ですから、①が正解です。

解 答　(1) ②　　(2) ②　　(3) ①　　(4) ①

111

仏検公式ガイドブックセレクション4級・5級（2019-2023）

3

　数をふくむ4つの短文をそれぞれ3回ずつ聞き、聞き取った文中の数を解答欄の数字にマークする問題です。配点8。

　文には2桁の数がふくまれています。数は年齢、値段、時間、番地、人数、部屋番号などを表わすものです。単に数だけを聞き取るのではありません。文のなかに使われている数を聞き分けることが求められています。

　99までの数をしっかり覚えておくことは言うまでもありませんが、この問題に正しく解答するには、名詞とのつながりで起こるアンシェヌマンやリエゾンの音をきちんと聞き取れるようにしておかなければなりません。時刻や年齢の表現とともに数を発音して、アンシェヌマンやリエゾンをするときの音の違いに慣れておきましょう。

　1〜10までの数詞で、母音または無音のhで始まる単語がつづく場合とそうでない場合の音の違いは次のようになります。

1：un　　　[œ̃ アン] と発音する（近年では [ɛ̃] と発音されることも多い）。次に母音または無音のhで始まる語がくるとnの音を発音してリエゾンする。
　　　　　un ami [œ̃nami アンナミ]

　：une　　[yn ユヌ] と発音する。次に母音または無音のhで始まる語がくるとアンシェヌマンする。une école [ynekɔl ユネコル]

2：deux　 [dø ドゥ] と発音する。次に母音または無音のhで始まる語がくるとxを [z ズ] と発音してリエゾンする。
　　　　　deux heures [døzœ:r ドゥズーる]

3：trois　 [trwɑ トろワ] と発音する。次に母音または無音のhで始まる語がくるとsを [z ズ] と発音してリエゾンする。
　　　　　trois heures [trwɑzœ:r トろワズーる]

4：quatre　[katr カトる] と発音する。次に母音または無音のhで始まる

112

聞き取り試験 3

語がくるとアンシェヌマンする。
quatre heures [katrœːr カトるーる]

5：cinq [sɛ̃k サンク] と発音する。次に母音または無音の h で始まる語
がくるとアンシェヌマンする。
cinq heures [sɛ̃kœːr サンクーる]
子音で始まる語がくると [sɛ̃ サン] と発音することが多い。
cinq livres [sɛ̃liːvr サンリーヴ / sɛ̃kliːvr サンクリーヴる]

6：six [sis スィス] と発音する。次に母音または無音の h で始まる語
がくると [siz スィズ] の音になる。
six heures [sizœːr スィズーる]
子音で始まる語がくると [si スィ] の音になる。
six livres [siliːvr スィリーヴる]

7：sept [sɛt セット] と発音する。次に母音または無音の h で始まる語
がくるとアンシェヌマンする。
sept heures [sɛtœːr セットゥーる]

8：huit [ɥit ユイット] と発音する。次に母音または無音の h で始まる
語がくるとアンシェヌマンする。
huit heures [ɥitœːr ユイットゥーる]
子音で始まる語がくると [ɥi ユイ] と発音する。
huit livres [ɥiliːvr ユイリーヴる]

9：neuf [nœf ヌフ] と発音する。次に年齢を表わす ans と時刻の heures
がつづく場合だけ、f [f フ] は [v ヴ] と発音する。
neuf ans [nœvɑ̃ ヌヴァン]　neuf heures [nœvœːr ヌヴーる]

10：dix [dis ディス] と発音する。次に母音または無音の h で始まる語
がくると [diz ディズ] の音になる。
dix heures [dizœːr ディズーる]
子音で始まる語がくると [di ディ] の音になる。
dix livres [diliːvr ディリーヴる]

113

仏検公式ガイドブックセレクション4級・5級（2019-2023）

20 から 69

20 vingt [vɛ̃ ヴァン]	30 trente [trɑ̃:t トラーント]	40 quarante [karɑ̃:t カらーント]
21 vingt et un(e) [vɛ̃teœ̃ ヴァンテアン] [vɛ̃teyn ヴァンテユヌ]	31 trente et un(e) [trɑ̃teœ̃ トらンテアン] [trɑ̃teyn トらンテユヌ]	41 quarante et un(e) [karɑ̃teœ̃ カらンテアン] [karɑ̃teyn カらンテユヌ]
22 vingt-deux [vɛ̃tdø ヴァントドゥ]	32 trente-deux [trɑ̃tdø トらントドゥ]	42 quarante-deux [karɑ̃tdø カらントドゥ]

50 cinquante [sɛ̃kɑ̃:t サンカーント]	60 soixante [swasɑ̃:t ソワサーント]
51 cinquant et un(e) [sɛ̃kɑ̃teœ̃ サンカンテアン] [sɛ̃kɑ̃teyn サンカンテユヌ]	61 soixante et un(e) [swasɑ̃teœ̃ ソワサンテアン] [swasɑ̃teyn ソワサンテユヌ]
52 cinquante-deux [sɛ̃kɑ̃tdø サンカントドゥ]	69 soixante-neuf [swasɑ̃tnœf ソワサントヌフ]

70 から 99

70 soixante-dix [swasɑ̃tdis ソワサントディス]	80 quatre-vingts [katrəvɛ̃ カトるヴァン]
71 soixante et onze [swasɑ̃teɔ̃:z ソワサンテオーンズ]	**81 quatre-vingt-un** [katrəvɛ̃œ̃ カトるヴァンアン]
72 soixante-douze [swasɑ̃tdu:z ソワサントドゥーズ]	82 quatre-vingt-deux [katrəvɛ̃dø カトるヴァンドゥ]

90 quantre-vingt-dix [katrəvɛ̃dis カトるヴァンディス]
91 quantre-vingt-onze [katrəvɛ̃ɔ̃:z カトるヴァンオーンズ]
99 quatre-vingt-dix-neuf [katrəvɛ̃diznœf カトるヴァンディズヌフ]

114

練習問題 1

- フランス語の文 (1)〜(4) を、それぞれ 3 回ずつ聞いてください。
- どの文にもかならず数が含まれています。例にならって、その数を解答欄にマークしてください。

（メモは自由にとってかまいません）

[音声を聞く順番]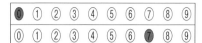

（例）

・「7」と解答したい場合には、

とマークしてください。

・「15」と解答したい場合には、

とマークしてください。

(1)

(2)

(3)

(4)

(19 秋)

（読まれる文）

(1) Page cinquante-six, s'il vous plaît.

(2) Ça fait quatre-vingt-onze euros.

(3) Il y a quarante-deux étudiants dans cette classe.

仏検公式ガイドブックセレクション 4 級・5 級 (2019-2023)

(4) Mon oncle a soixante-quatre ans.

解説

(1) Page cinquante-six, s'il vous plaît.「56 ページを開けてください」

　56 が正解です。56 cinquante-six は [sɛ̃kãtsis サンカントスィス] と発音されています。

(2) Ça fait quatre-vingt-onze euros.「ぜんぶで 91 ユーロです」

　91 が正解です。81 から 99 までの数字は、quatre-vingt に 1 から 19 までの数字をそれぞれうしろにつけて言います。91 quatre-vingt-onze そのものの発音は [katrəvɛ̃ɔ̃:z カトるヴァンオーンズ] ですが、次に母音で始まる名詞 euros[øro ウろ] がくると、ひとつづきに発音されます。quatre-vingt-onze euros は [katrəvɛ̃ɔ̃:zøro カトるヴァンオーンズろ] と発音されています。

(3) Il y a quarante-deux étudiants dans cette classe.「このクラスには、42 名の生徒がいます」

　42 が正解です。42 quarante-deux そのものの発音は [karãtdø カらントドゥ] ですが、次に母音で始まる名詞 étudiants[etydjã エテュディヤン] がくると、ひとつづきに発音されます。このとき、quarante-deux の語尾の発音されない x が、次にくる étudiants の語頭の é[e] とつながり [ze ゼ] と発音されます。quarante-deux étudiants は [karãtdøzetydjã カらントドゥゼテュディヤン] と発音されています。

(4) Mon oncle a soixante-quatre ans.「私の伯父（叔父）は 64 歳です」

　64 が正解です。64 soixante-quatre そのものの発音は [swasãtkatr ソワサントカトる] ですが、次に母音で始まる名詞 ans [ã アン] がくると、ひとつづきに発音されます。soixante-quatre ans は [swasãtkatrã ソワサントカトらン] と発音されています。

解答　(1) **56**　　(2) **91**　　(3) **42**　　(4) **64**

練習問題 2

・フランス語の文(1)〜(4)を、それぞれ 3 回ずつ聞いてください。
・どの文にもかならず数が含まれています。例にならって、その数を解答欄にマークしてください。
（メモは自由にとってかまいません）
[音声を聞く順番]　⓯ → ⓰

（例）
・「7」と解答したい場合には、

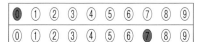

とマークしてください。

・「15」と解答したい場合には、

とマークしてください。

(1)
(2)
(3)
(4)

(21 春)

（読まれる文）

(1) L'hôtel a cinquante-cinq étages.
(2) Ce magasin ferme à vingt-trois heures.
(3) Notre tante habite soixante-dix-neuf, rue Victor Hugo.

仏検公式ガイドブックセレクション 4 級・5 級（2019-2023）

⑷ Ouvrez le livre à la page quatre-vingt-deux.

解説

⑴ L'hôtel a cinquante-cinq étages.「（この）ホテルは（フランス式で）55
階建てです」

55 が正解です。数詞の 55 cinquante-cinq は単独だと [sɛ̃kɑ̃tsɛ̃k サンカント
サンク] と発音されますが、この場合は名詞 étages についています。étages
は母音で始まる名詞ですから、数詞の最後の q「ク」の音が、名詞の最初の
é「エ」とつながって [sɛ̃kɑ̃tsɛ̃ketaːʒ サンカントゥサンケタージュ] と聞こえま
す。ちなみに étage は、1 階 rez-de-chaussée の上から数えますので、L'hôtel
a cinquante-cinq étages. は、フランス式で 55 階建て、日本式だと 56 階建て
のホテルのことになります。

⑵ Ce magasin ferme à vingt-trois heures.「この店は 23 時に閉まります」

23 が正解です。23 単独の発音は [vɛ̃ttrwɑ ヴァントトロワ] です。この場合
は母音で始まる名詞 heures をともなっているので、数詞の最後の s の音が [z]
という音でつながって、[vɛ̃ttrwɑzœːr ヴァントトロワ**ズー**る] と発音されます。

⑶ Notre tante habite soixante-dix-neuf, rue Victor Hugo.「私たちの伯母
（叔母）は、ヴィクトル・ユゴー通り 79 番地に住んでいます」

79 が正解です。この問題では、通りの名前の前で番地が発音されていま
す。70 から 79 までの数字は、soixante のうしろに、残りの数字を足してい
きますので（71 のみ soixante et onze）、注意を要します。79 は 60 + 19 と
いう言い方になるので、79 は soixante-dix-neuf[swasɑ̃tdiznœf ソワサントディ
ズヌフ] と発音されます。

⑷ Ouvrez le livre à la page quatre-vingt-deux.「本の 82 ページを開けてく
ださい」

82 が正解です。82 quatre-vingt-deux は [katrəvɛ̃dø カトるヴァンドゥ] と発
音されています。 **練習問題 1** ⑵で見た通り、81 から 99 までの数字は、
quatre-vingt に 1 から 19 までの数字をそれぞれうしろにつけて言います。
なお、Ouvrez は動詞 ouvrir「開ける」の vous に対する命令法の活用形です。

解答 ⑴ **55** ⑵ **23** ⑶ **79** ⑷ **82**

118

練習問題 3

- フランス語の文(1)〜(4)を、それぞれ3回ずつ聞いてください。
- どの文にもかならず数が含まれています。例にならって、その数を解答欄にマークしてください。
  （メモは自由にとってかまいません）
  [音声を聞く順番]　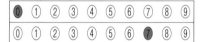

（例）
- 「7」と解答したい場合には、

  とマークしてください。

- 「15」と解答したい場合には、

  とマークしてください。

(1)

(2)

(3)

(4)

(23 春)

(読まれる文)

(1) Le train arrive à vingt-deux heures.

(2) Je cherche la chambre soixante-trois.

(3) On est à cinquante-neuf kilomètres de Lyon.

仏検公式ガイドブックセレクション 4 級・5 級（2019-2023）

⑷ Hier, ma grand-mère a eu quatre-vingt-cinq ans.

解説

⑴　Le train arrive à vingt-deux heures.「列車は 22 時に到着します」

　22 が正解です。単独では [vɛ̃tdø ヴァントドゥ] ですが、この文では母音で始まる heures [œːr ウーる] があとにつづくため、ひとつづきに [vɛ̃tdøzœːr ヴァントドゥズーる] と発音されます。

⑵　Je cherche la chambre soixante-trois.「63 号室をさがしています」

　63 が正解です。63 は soixante-trois[swasɑ̃ttrwɑ ソワサントトろワ] と発音されます。

⑶　On est à cinquante-neuf kilomètres de Lyon.「リヨンから 59 キロメートルのところにいます」

　59 が正解です。59 は cinquante-neuf[sɛ̃kɑ̃tnœf サンカントヌフ] と発音されます。

⑷　Hier, ma grand-mère a eu quatre-vingt-cinq ans.「きのう祖母は 85 歳になった」

　85 が正解です。85 は quatre-vingt-cinq[katrəvɛ̃sɛ̃k カトるヴァンサンク] ですが、うしろに母音で始まる ans[ɑ̃ アン] がつづくため、ひとつづきに [katrəvɛ̃sɛ̃kɑ̃ カトるヴァンサンカン] と発音されます。

解答　⑴ **22**　　⑵ **63**　　⑶ **59**　　⑷ **85**

120

4

聞き取り試験 4

　会話を聞き取り、日本語で示されている 5 つの文が会話の内容に一致しているかどうかを答える問題です。配点 10。

　10 行ほどの会話のやりとりを聞き取る力がためされます。日本語で示されている 5 つの文をあらかじめ読んでおくことで、会話が何を話題にしているかある程度見当がつきます。日本語の文は会話の流れに沿っていますから、聞き取ったフランス語が日本語の文に対応しているかどうか、順番に判断していきます。

仏検公式ガイドブックセレクション 4 級・5 級（2019-2023）

練習問題 1

・レアとユゴーの会話を 3 回聞いてください。
・次の(1)〜(5)について、会話の内容に一致する場合は解答欄の①に、
　一致しない場合は②にマークしてください。
　（メモは自由にとってかまいません）（配点　10）
　［音声を聞く順番］　❶ → ❷ → ❸

(1) クロエはパリに到着している。

(2) ユゴーはクロエに会ったことがある。

(3) クロエはいま 17 歳である。

(4) ユゴーはクロエに会うのを楽しみにしている。

(5) ユゴーは土曜の朝早くレアの家へ行くことになった。　　（19 春）

（読まれる会話）

Léa : Tu es libre samedi ?

Hugo : Oui, pourquoi ?

Léa : Ma sœur Chloé arrive demain à Paris.

Hugo : Ah, Chloé ! On a mangé ensemble il y a quelques années.
　　　 Elle a quel âge maintenant ?

Léa : Elle va avoir 17 ans.

Hugo : Déjà ! Je suis très content de revoir ta sœur.

Léa : Tu passeras chez moi vers midi ?

Hugo : Bien sûr !

122

聞き取り試験 4

解説 レアとユゴーが、レアの妹クロエについて話しています。

(1) 「クロエはパリに到着している」

レアが Ma sœur Chloé arrive demain à Paris.「妹のクロエがあしたパリに着くのよ」と言っていますので、設問文は会話の内容に一致しません。正解は②です。

(2) 「ユゴーはクロエに会ったことがある」

ユゴーが Ah, Chloé ! On a mangé ensemble il y a quelques années.「ああ、クロエ。何年か前にいっしょに食事したね」と言っていますので、設問文は会話の内容に一致します。正解は①です。

(3) 「クロエはいま 17 歳である」

ユゴーが Elle a quel âge maintenant ?「彼女（クロエ）はいま何歳なんだい」ときいたのに対して、レアは Elle va avoir 17 ans.「もうすぐ 17 歳になるわ」と返答していますので、設問文は会話の内容に一致しません。正解は②です。

近接未来の va avoir を聞き取るのがポイントです。もし「17 歳である」ならば、Elle a 17 ans. になりますし、「17 歳になったばかりである」ならば、Elle vient d'avoir 17 ans. になります。

(4) 「ユゴーはクロエに会うのを楽しみにしている」

ユゴーが Je suis très content de revoir ta sœur.「君の妹とまた会えるなんてとてもうれしい」と言っていますので、設問文は会話の内容に一致します。正解は①です。

(5) 「ユゴーは土曜の朝早くレアの家へ行くことになった」

レアが冒頭でユゴーに Tu es libre samedi ?「土曜日ひま？」ときいたのに対して、ユゴーは Oui, pourquoi ?「うん、なぜ（きくの)」と返答しています。そこから土曜日が話題になっていることがわかります。そして最後にレアが、Tu passeras chez moi vers midi ?「昼ごろ、家に来てくれない？」と誘っているのに対して、ユゴーは Bien sûr !「もちろん」と答えています。ユゴーがレアの家に行くのは「土曜の昼ごろ」なのですから、設問文は会話の内容に一致しません。正解は②です。

解答 (1) ②　　(2) ①　　(3) ②　　(4) ①　　(5) ②

仏検公式ガイドブックセレクション 4 級・5 級（2019-2023）

練習問題 2

・母親と息子リュカの会話を 3 回聞いてください。
・次の(1)〜(5)について、会話の内容に一致する場合は解答欄の①に、一致しない場合は②にマークしてください。
（メモは自由にとってかまいません）（配点　10）
［音声を聞く順番］　㉒ → ㉓ → ㉔

(1) リュカの誕生日は、今度の日曜日である。

(2) リュカは誕生日パーティーに友人を 4 人招待したい。

(3) リュカの母親は、誕生日パーティーのために何かを作るつもりだ。

(4) リュカが誕生日パーティーに招待する友人は、チョコレートケーキが大好きである。

(5) 今夜リュカは、父親にチョコレートケーキを作るよう頼む。

(19 秋)

（読まれる会話）

La mère : Samedi, c'est ton anniversaire.

Luca : Oui. Je peux inviter des amis ?

La mère : Bien sûr. Ils seront combien ?

Luca : Trois. Céline, Marion et Thomas. Ça va ?

La mère : Pas de problème. Je prépare quelque chose pour le repas.

Luca : Ils adorent le gâteau au chocolat.

La mère : Le gâteau de papa est très bon. Tu lui demanderas ce soir ?

Luca : D'accord.

聞き取り試験 4

解説 リュカと母親がリュカの誕生日について話しています。

(1) 「リュカの誕生日は、今度の日曜日である」

Samedi, c'est ton anniversaire.「土曜はあなたの誕生日だよね」と聞く母親にリュカは、Oui. Je peux inviter des amis ?「うん。友達を呼んでもいい？」と返答しているのですから、設問文は会話の内容に一致しません。正解は②です。

(2) 「リュカは誕生日パーティーに友人を4人招待したい」

Bien sûr. Ils seront combien ?「もちろん、いいわよ。何人になるのかしら」という母親に対してリュカは、Trois. Céline, Marion et Thomas. Ça va ?「3人だよ。セリーヌとマリオンとトマ。いいかな」と答えています。したがって設問文は会話の内容に一致しません。正解は②です。

(3) 「リュカの母親は、誕生日パーティーのために何かを作るつもりだ」

母親は、Pas de problème. Je prépare quelque chose pour le repas.「問題ないわ。食事に何か用意するわね」と返答しているので、設問文は会話の内容に一致します。正解は①です。

(4) 「リュカが誕生日パーティーに招待する友人は、チョコレートケーキが大好きである」

Ils adorent le gâteau au chocolat.「友だちは（みんな）チョコレートケーキが大好きなんだ」というリュカの言葉から、設問文が会話の内容に一致することがわかります。正解は①です。

(5) 「今夜リュカは、父親にチョコレートケーキを作るよう頼む」

Le gâteau de papa est très bon. Tu lui demanderas ce soir ?「パパが作るケーキはとてもおいしいわよ。今晩パパに頼んでみたら」という母親にリュカは、D'accord.「わかった、そうする」と答えているのですから、設問文は会話の内容に一致します。正解は①です。demanderas は動詞 demander の単純未来形で、軽い命令のニュアンスをともなっています。

解答 (1) ②　　(2) ②　　(3) ①　　(4) ①　　(5) ①

125

仏検公式ガイドブックセレクション 4 級・5 級（2019-2023）

練習問題 3

・マリーヌとジャンの会話を 3 回聞いてください。
・次の(1)～(5)について、会話の内容に一致する場合は解答欄の①に、
　一致しない場合は②にマークしてください。
　（メモは自由にとってかまいません）（配点　10）
　[音声を聞く順番]　㉕ → ㉖ → ㉗

(1) マリーヌはとてもお腹がすいている。

(2) いま夕方の 6 時である。

(3) マリーヌはきょう昼ごはんを食べていない。

(4) マリーヌは日本語の試験勉強をしなければならない。

(5) マリーヌの試験はあすおこなわれる。　　　　　　　（20 秋）

（読まれる会話）

Marine : J'ai très faim !

　Jean : Mais il est seulement trois heures !

Marine : Je n'ai pas mangé ce midi.

　Jean : Ah bon ! Pourquoi ?

Marine : Je dois travailler pour mon examen de japonais.

　Jean : C'est quand, ton examen ?

Marine : Après-demain.

　Jean : Alors, tu as encore du temps. Va manger quelque chose.

聞き取り試験 4

解説 マリーヌが日本語の試験についてジャンに話しています。

(1) 「マリーヌはとてもお腹がすいている」

J'ai très faim !「とってもお腹がすいた」とマリーヌは冒頭で言っているのですから、設問文は会話の内容に一致します。正解は①です。avoir faim「お腹がすいている」の定型表現が使われています。

(2) 「いま夕方の6時である」

Mais il est seulement trois heures !「でもまだ3時だよ」とジャンは応じています。したがって、設問文は会話の内容に一致しません。正解は②です。seulement は「たった〜だけ」を意味する副詞です。

(3) 「マリーヌはきょう昼ごはんを食べていない」

マリーヌは、Je n'ai pas mangé ce midi.「今日のお昼、食べなかったのよ」と言っているので、設問文は会話の内容に一致します。正解は①です。

(4) 「マリーヌは日本語の試験勉強をしなければならない」

Ah bon ! Pourquoi ?「そうなんだ！でもどうして」と尋ねるジャンに、マリーヌは Je dois travailler pour mon examen de japonais.「日本語の試験勉強をしなければならないんだ」と答えていますから、設問文は会話の内容に一致することがわかります。正解は①です。動詞 dois の不定詞は devoirで、「〜しなければならない」の意味です。

(5) 「マリーヌの試験はあすおこなわれる」

C'est quand, ton examen ?「いつなの、君の試験は」と問うジャンに、マリーヌは Après-demain.「あさって」と答えているのですから、設問文は会話の内容に一致しません。正解は②です。

このマリーヌの言葉に対して、ジャンは Alors, tu as encore du temps. Va manger quelque chose.「だったら、まだ時間はあるじゃない。何か食べておいでよ」と言っています。temps「時間」の前についている du は部分冠詞です。また Va manger ... の va は、動詞 aller の tu に対する命令形で、直説法現在・2人称単数の活用形 (tu) vas から語尾の s をとった形です。

解答 (1) ①　　(2) ②　　(3) ①　　(4) ①　　(5) ②

127

5級

試験の概要　　130

筆記試験　　132

聞き取り試験　199

仏検公式ガイドブックセレクション 4 級・5 級（2019-2023）

‖‖‖‖‖‖ 5 級の試験の概要

　5 級の試験（100 点満点）は、筆記試験と聞き取り試験を合わせ、以下の 11 の大問から構成されています。

[筆記試験]（配点 60 点／試験時間 30 分）

1. 冠詞、指示形容詞、所有形容詞（穴うめ・選択）
2. 動詞活用（穴うめ・選択）
3. 語順（語句の並べかえによる仏文完成・選択）
4. 応答文（仏文選択）
5. 語彙（選択）
6. 対になる表現・語句（絵の内容に対応する仏文選択）
7. 会話文（穴うめ・選択）

[聞き取り試験]（配点 40 点／試験時間約 15 分）

1. 応答文（仏文選択）
2. 数（マーク式による記入）
3. 短文（仏文に対応する絵の選択）
4. 男性・女性、単数・複数、肯定・否定の区別（仏文に対応する絵の選択）

　試験で問われる「文法知識」は、日常生活で用いられる基礎的な文を構成するのに必要なレベルの事項です。動詞の法・時制では、**近接未来・近接過去**をふくむ**直説法現在**と**命令法**が 5 級の出題の範囲になります。人称代名詞は主語と強勢形に限られ、目的語としての用法は出題されません（p. 22「人称代名詞」「主語人称代名詞 on」の項を参照）。このほか形容詞と名詞・代名詞の性・数の一致や否定文、疑問文、語順などに関する基本的な知識が問われます。

　「読む」力については、日常的な表現や応答文、初歩的な会話文についてその内容を読み取る力が、「聞く」力については、同じく簡単な応答文や日常的な表現を用いた短文を聞いて、その内容を把握する力が問われます。ま

た、1〜20までの数の聞き取りがあります。5級で出題される語彙の範囲は、『仏検公式基本語辞典 3級・4級・5級 新訂版』（フランス語教育振興協会編、朝日出版社、2020）＊で第1レベル「5級に対応する語」として示されている560語が基準になります。

＊本文中では『仏検公式基本語辞典』と略し、例文を引用する際には辞典の見出し語を併記しています。

なお、合格の基準については、60％の得点率が目安になります。
各問題の配点については、以下の配点表をご参照ください。

配　点　表

筆記試験	1	2	3	4	5	6	7	小計	聞き取り	1	2	3	4	小計	計
	10点	10	8	8	8	8	8	60		10	10	10	10	40	100

発音の仮名表記については以下のようにしてあります。

1. 注意すべき個別の発音表記は、→　の右の [　] のとおりです。

   [b] → [b ブ]　　　　　[v] → [v ヴ]　　　　　[l] → [l ル]

   [r] → [r る]　　　　　[ɔ̃] → [ɔ̃ オン]

2. リエゾンやアンシェヌマンが起きているところは、下線が引いてあります。

   trois heures [trwɑzœːr トロワズーる]

   douze heures [duzœːr ドゥズーる]

131

筆記試験

1

名詞と結びつく**冠詞**と**指示形容詞・所有形容詞**に関する問題です。
⑴〜⑸の各文の空欄にあてはまる冠詞または指示形容詞・所有形容詞を3つの選択肢から選んで解答します。配点10。

フランス語の冠詞には、**不定冠詞、部分冠詞、定冠詞**の3種類があります。それぞれの冠詞について、形と基本的な用法を確認しておきましょう。

	男性単数名詞	女性単数名詞	複数名詞
不定冠詞	**un**	**une**	**des**
部分冠詞	**du (de l')**	**de la (de l')**	—
定冠詞	**le (l')**	**la (l')**	**les**

不定冠詞
☆ 数えられる名詞について、不特定の1つまたはいくつかを示す。「1つの（いくつかの）」、「1人の（何人かの）」の意。
　　Elle a un grand sac.「彼女は大きなカバンを持っている」（18 春）

部分冠詞
☆ 数えられない名詞（物質名詞・抽象名詞）を、不特定のものとして示す。「ある程度（の量）の」の意。
　　Il y a encore du lait.「牛乳がまだあります」（14 春）
☆ 数えられる名詞について、その一部を示す。
　　Il y a de la pomme dans cette soupe.
　　　「このスープにはリンゴが入っている」

筆記試験 ①

定冠詞
☆ 既出の語や周知の話題など、特定されているものを示す。

　　　La fille de Léa est très gentille.
　　　　「レアの娘はとても親切だ」(18春)

☆ 1つしかないものを示す。

　　　La lune est très belle cette nuit.
　　　　「今晩は月がとってもきれいだ」(『仏検公式基本語辞典』**lune**)

☆ あるカテゴリーの全体を示す（総称）。

　　　J'aime la cuisine italienne.「ぼくはイタリア料理が好きだ」(14春)

指示形容詞は「この」「その」「あの」のように、対象を取り立てて示す場合に用います。

	単数の場合	複数の場合
男性名詞につくとき	ce (cet)	ces
女性名詞につくとき	cette	

所有形容詞は、「私の」「彼女の」など、所有者を限定する意味で用いる形容詞です。

	男性単数	女性単数	複数
je	mon	ma (mon)	mes
tu	ton	ta (ton)	tes
il / elle	son	sa (son)	ses
nous	notre		nos
vous	votre		vos
ils / elles	leur		leurs

←(所有されるもの)

↑
所有者

133

仏検公式ガイドブックセレクション 4 級・5 級（2019-2023）

　これらの冠詞、指示形容詞、所有形容詞は、上の表に示すように、あとに置かれる名詞の性・数に応じて、男性形と女性形、単数形と複数形を使い分けます（ただし部分冠詞には複数形はありません）。

　このうち、所有形容詞は、「私」や「彼」といった所有者ではなく、**所有されるもの**を示す名詞の性・数に応じて変化するので、注意が必要です。

　たとえば「私の本」は livre が単数であれば mon livre、複数の場合は mes livres となります。また、「彼の本」「彼女の本」はどちらも son livre（livre は男性名詞）、「彼の家」「彼女の家」はどちらも sa maison（maison は女性名詞）です。

　所有形容詞では、とくに男性形と女性形の使い分け（mon / ma「私の」、ton / ta「君の」、son / sa「彼（彼女）の」）がひんぱんに出題されており、十分に理解しておく必要があります。

　また母音で始まる語につく指示形容詞、所有形容詞の形にも注意が必要です。単数の男性名詞が母音で始まるとき、ce ではなく cet を用います。「この木」は cet　arbre です。単数の女性名詞が母音で始まるとき、ma / ta / sa ではなく mon / ton / son を用います。「私の学校」は mon　école（école は女性名詞）です。

134

筆記試験 1

練習問題 1

次の (1) 〜 (5) の（　　）内に入れるのにもっとも適切なものを、それぞれ ① 〜 ③ のなかから 1 つずつ選び、解答欄のその番号にマークしてください。

(1) Elle aime (　　　　) cinéma français.
  ① la ② le ③ les

(2) J'ai (　　　) amis en France.
  ① des ② un ③ une

(3) Je mange souvent (　　　) viande.
  ① de ② de la ③ des

(4) Marine habite avec (　　　) grands-parents.
  ① sa ② ses ③ son

(5) (　　　　) montres sont très chères.
  ① Ce ② Ces ③ Cette (19 秋)

解説

(1) Elle aime (le) cinéma français. 「彼女はフランス映画が好きです」

選択肢はすべて定冠詞です。① la は単数の女性名詞、② le は単数の男性名詞、③ les は男女の複数の名詞に対して用いられます。名詞 cinéma「映画」は語尾に s がついていないので、単数形であることがわかります。くわえて形容詞 français は単数の男性名詞あるいは複数の男性名詞につく形ですから、選ぶべき定冠詞は、単数の男性名詞につく le になります。正解は ② le です。

(2) J'ai (des) amis en France. 「私はフランスに友だちがいます」

選択肢はすべて不定冠詞です。① des は男女の複数の名詞、② un は単数

135

仏検公式ガイドブックセレクション 4 級・5 級（2019-2023）

の男性名詞、③ une は単数の女性名詞に対して用いられます。名詞 ami「友人」は、女性の友人を表わす際には語尾に e がつきますが、ここでは s のみがついていますので男性複数形です。したがって正解は ① des となります。

(3) Je mange souvent (de la) viande.「私はよく肉を食べる」

選択肢 ① de は、直接目的語の前についた不定冠詞や部分冠詞が否定文になったときに用いられます。② de la は単数の女性名詞につく部分冠詞、③ des は複数の名詞につく不定冠詞です。名詞 viande「肉」は定形を持たない、数えられない名詞ですから、いくらかの量を表わす場合には部分冠詞をともないます。すると、この文は否定文でもありませんので、選ぶべき冠詞は de la のみとなります。正解は ② de la です。

(4) Marine habite avec (ses) grands-parents.「マリーヌは祖父母と暮らしている」

選択肢はすべて、「彼（彼女）の」の意味を表わす所有形容詞です。① sa は単数の女性名詞、② ses は男女にかかわらず複数の名詞、③ son は単数の男性名詞（および母音で始まる単数の女性名詞）に対してそれぞれ用いられます。名詞 grands-parents「祖父母」は、語尾に s がついていますから複数名詞であることがわかります。すると選ぶべき所有形容詞は、複数の名詞につく ses になります。正解は ② ses です。所有形容詞は所有者 (Marine) ではなく、それがつく名詞 (grands-parents) の性・数にのみ一致することを確認しましょう。

(5) (Ces) montres sont très chères.「これらの腕時計はとても高価だ」

選択肢はすべて指示形容詞です。① Ce は子音で始まる単数の男性名詞に対して（母音で始まる単数の男性名詞の場合は、cet が用いられます）、② Ces は男女にかかわらず複数の名詞に、③ Cette は単数の女性名詞に対して、それぞれ用いられます。名詞 montres「腕時計」は語尾に s がついており、動詞も être の三人称複数の活用形、形容詞も cher の女性複数形ですから、選ぶべきは複数形の Ces になります。正解は ② Ces です。

解答　　(1) ②　　　(2) ①　　　(3) ②　　　(4) ②　　　(5) ②

136

筆記試験 1

練習問題 2

次の (1)〜(5) の（　　）内に入れるのにもっとも適切なものを、それ
ぞれ①〜③のなかから 1 つずつ選び、解答欄のその番号にマークしてく
ださい。

(1) Arthur et Emma voyagent avec (　　　) mère.

    ① leur　　　② leurs　　　③ ses

(2) Elle a (　　　) robe blanche.

    ① des　　　② un　　　③ une

(3) Il boit (　　　) thé vert.

    ① de　　　② de la　　　③ du

(4) Tu connais (　　　) étudiant ?

    ① ce　　　② cet　　　③ cette

(5) (　　　) fils d'Isabelle sont à l'école.

    ① La　　　② Le　　　③ Les　　　　　　(20 秋)

解説

(1) Arthur et Emma voyagent avec (leur) mère. 「アルチュールとエマは彼
らの母親といっしょに旅行をします」

　選択肢はすべて、「〜の」の意味を表わす所有形容詞です。① leur「彼らの、
彼女らの」のあとには単数の名詞がきます。それに対して② leurs「彼らの、
彼女らの」のあとには複数の名詞がきます。③ ses は「彼の、彼女の」の意
味で、つぎには複数の名詞がきます。

　さて、この文の主語 Arthur et Emma「アルチュールとエマ」は複数です
から、所有形容詞は「彼らの」になります。ここで、③ ses「彼の、彼女の」

137

仏検公式ガイドブックセレクション 4 級・5 級（2019-2023）

がまず排除されます。そしてつぎにくる名詞 mère「母親」が単数ですから、
② leurs「彼らの、彼女らの」も排除され、leur が空欄に入ります。正解は
① leur です。

⑵　Elle a (une) robe blanche.「彼女は白いドレスをもっています」
　選択肢はすべて不定冠詞です。① des は男女にかかわらず複数の名詞に対
して、② un は単数の男性名詞に対して、③ une は単数の女性名詞に対して、
それぞれ用いられます。
　さて、名詞 robe「ドレス」のあとに置かれた形容詞 blanche「白い」は、
語尾に e がついていることから、女性単数形であることがわかります（男性
単数形は blanc）。そこから robe が単数の女性名詞だと判断できます。した
がって、単数の女性名詞につく不定冠詞の une が空欄に入ります。正解は
③ une です。

⑶　Il boit (du) thé vert.「彼は緑茶を飲みます」
　選択肢① de は、直接目的語の前についた不定冠詞や部分冠詞が否定文に
なったときに用いられます。② de la は単数の女性名詞につく部分冠詞、③
du は単数の男性名詞につく部分冠詞です。
　さて、thé「茶」のあとに続く形容詞 vert「緑の」は男性単数形です（女
性単数形ならば verte となります）。したがって、thé「茶」が単数の男性名
詞であることがわかります。この男性単数名詞の前につく部分冠詞は du で
すから、正解は③ du となります。ただし、部分冠詞は男性名詞であれ女性
名詞であれ、母音で始まる名詞の前では de l' の形になります。たとえば、
de l'argent「お金」（argent は男性名詞）、de l'eau「水」（eau は女性名詞）
など。

⑷　Tu connais (cet) étudiant ?「君はあの（男子）学生を知ってる？」
　選択肢はすべて「この」「あの」「その」を意味する指示形容詞です。① ce
は子音で始まる単数の男性名詞に対して、② cet は母音で始まる単数の男性
名詞に対して、③ cette は単数の女性名詞に対して、それぞれ用いられます。
また、男性名詞、女性名詞にかかわらず複数名詞の前では、ces を用います。
名詞 étudiant「（1 人の男子）学生」は母音で始まる男性単数名詞ですから、
選ぶべき指示形容詞は、cet になります。正解は② cet です。もし名詞が
étudiante「（1 人の女子）学生」であれば、cette étudiante に、また étudiant(e)s

138

筆記試験 1

「学生たち」のように複数であれば、ces étudiant(e)s となります。

⑸ (Les) fils d'Isabelle sont à l'école.「イザベルの息子たちは学校にいます」

選択肢はすべて定冠詞です。① La は子音で始まる単数の女性名詞に対して、② Le は子音で始まる単数の男性名詞に対して用います。男性名詞であれ女性名詞であれ、母音で始まる単数名詞の前では、l' となります。③ Les は男女にかかわらず複数の名詞に対して用いられます。名詞 fils「息子」はそもそも単数形と複数形が同じ形なので、fils という語だけでは息子が 1 人なのか、それとも複数いるのかを判断することはできません。ここで、動詞 être の活用形に sont が使われていることに着目しましょう。sont の主語は 3 人称複数ですから、fils がこの場合複数であることがわかります。したがってそれにつく定冠詞は Les になります。正解は ③ Les です。

解答　(1) ①　　(2) ③　　(3) ③　　(4) ②　　(5) ③

139

仏検公式ガイドブックセレクション 4 級・5 級（2019-2023）

練習問題 3

次の (1) 〜 (5) の（　　）内に入れるのにもっとも適切なものを、それぞれ ① 〜 ③ のなかから 1 つずつ選び、解答欄のその番号にマークしてください。

(1) C'est (　　　) grand pays d'Europe.

    ① des   ② un   ③ une   （21 秋）

(2) Je mets (　　　) lait dans la soupe.

    ① de   ② des   ③ du   （21 秋）

(3) Tu aimes (　　　) rose blanche ?

    ① ce   ② ces   ③ cette   （21 秋）

(4) Tu vas au cinéma avec (　　　) amie ?

    ① ta   ② tes   ③ ton   （22 春）

(5) Voilà (　　　) chats de Françoise.

    ① la   ② le   ③ les   （21 秋）

解説

(1) C'est (un) grand pays d'Europe. 「これはヨーロッパの大国です」

選択肢はすべて不定冠詞です。① des は男女にかかわらず複数の名詞に、② un は単数の男性名詞に、③ une は単数の女性名詞に、それぞれ用います。この文では、「国」という意味の名詞 pays に s がついていることから、複数形で用いられているようにみえます。ところが、pays の前に置かれている形容詞 grand「大きい」に注目すると、こちらは複数の s がついていないので、単数で用いられていることがわかります。つまり、ここでは pays も単数ということですが、フランス語の名詞には、この問題の pays のように、

140

筆記試験 1

単数と複数が同形のものがあるので注意が必要です（他に **練習問題 2** (5)
の fils「息子」など）。それでは、この名詞の文法上の性は男女のどちらで
しょうか。この場合も、その名詞についた形容詞の形に注目します。grand
は男性形ですから（女性形は grande）、pays も男性名詞ということになり、
単数の男性名詞とともに用いる② un が正解です。

(2) Je mets (du) lait dans la soupe.「私はスープにミルクを入れます」

　スープにミルクを入れると、コクが出て味がまろやかになります。スープ
に足すわけですから、「（ある程度の具体的な量をもった）ミルク」という意
味で、「全体の一部」を示す部分冠詞を用いることになります。選択肢③ du
が正解です。否定文のなかでは、直接目的語につく部分冠詞 du は de にな
るのが原則ですが、問題文は否定文ではないので、選択肢① de は適切では
ありません。また、選択肢② des は複数の名詞につく不定冠詞ですから、こ
の問題の lait とともに用いることはできません。

(3) Tu aimes (cette) rose blanche ?「この白いバラは好き？」

　指示形容詞の問題です。① ce は単数の男性名詞に、② ces は男女にかかわ
らず複数の名詞に、③ cette は単数の女性名詞に、それぞれ用います。ここ
では rose「バラ」に複数の s がついていないので、名詞は単数です。問題文
の場合、名詞 rose に「白い」という意味の形容詞 blanche がついているので、
(1) でも見たように、rose の性を判断することができます。問題文は女性単
数形の blanche ですから（男性形は blanc）、rose も単数の女性名詞というこ
とになり、この名詞とともに用いる指示形容詞は③ cette が適切であること
がわかります。

　なお、選択肢にはありませんが、**練習問題 2** (4) で見た通り、指示形容詞
の男性単数形にはもうひとつ cet という形があり、名詞が母音あるいは無音
の h で始まるときはこの形を用います（cet avion「この飛行機」、cet homme
「あの男」、cet après-midi「きょうの午後」など）。

(4) Tu vas au cinéma avec (ton) amie ?「君は君の恋人といっしょに映画に
行くの？」

　選択肢はすべて、「君の、あなたの」を意味する所有形容詞です。① ta の
あとには子音で始まる単数の女性名詞がきます。② tes のあとには男女にか
かわらず複数の名詞がきます。③ ton のあとには、単数の男性名詞か母音で

141

仏検公式ガイドブックセレクション 4 級・5 級（2019-2023）

始まる単数の女性名詞がきます。なお、使われている動詞 vas の不定詞は aller「行く」です。また au は、前置詞 à「〜に」と定冠詞 le の縮約形です。

　さて、空欄の次の amie「恋人」は、語尾に e がついていることから、女性の「恋人」であることがわかります。ただし、この amie は女性名詞ではあっても母音で始まっています。したがって、所有形容詞は ta ではなく ton になります。正解は ③ ton です。

　なお、ami や amie は本来「友人」の意味ですが、これに所有形容詞がつくと、一般に特別な関係の友人、つまり「恋人」を指すことになります。ふつうの友人の場合は、un ami、une amie のように不定冠詞をつけます。

⑸　Voilà (les) chats de Françoise.「これはフランソワーズの猫です」

　選択肢はすべて定冠詞です。選択肢 ① la は単数の女性名詞、② le は単数の男性名詞、③ les は男女にかかわらず複数の名詞とともに用います。ここでは chats が複数なので、③ les が正解です。

解答　⑴ ②　　　⑵ ③　　　⑶ ③　　　⑷ ③　　　⑸ ③

筆記試験 2

2

　基本的な**動詞の活用**に関する問題です。

　(1)～(5)の文の空欄に該当する動詞の活用形を3つの選択肢から選んで解答します。配点10。

　この問題では日常的に使用される動詞について、直説法現在の活用が問われます。-er 動詞、-ir 動詞という2つの規則動詞のほか、avoir、être をはじめとするおもな不規則動詞の活用のパターンを頭に入れておきましょう。

　といっても、フランス語の動詞の活用の種類は数が多く、そのすべてを記憶するのは容易ではありません。ただし、活用語尾に注目すると、次の❶、❷の2種類しかなく、おもな動詞がどちらに属するかを覚えておくと便利です。

❶
je	**-e**	nous	**-ons**
tu	**-es**	vous	**-ez**
il / elle	**-e**	ils / elles	**-ent**

　　-er 動詞（aimer、chanter など。第1群規則動詞と呼ばれる）
　　語尾が -ir の不規則動詞のうち、ouvrir など

❷
je	**-s(x)**	nous	**-ons**
tu	**-s(x)**	vous	**-ez**
il / elle	**-t**	ils / elles	**-ent**

　　-ir 動詞（choisir、finir など。第2群規則動詞と呼ばれる）
　　語尾が -ir の不規則動詞のうち、dormir、partir など
　　語尾が -oir の不規則動詞
　　語尾が -re の不規則動詞

（prendre、apprendre など、一部の動詞では3人称単数の -t は表記されません：prendre → il / elle prend、apprendre → il / elle apprend）

143

仏検公式ガイドブックセレクション 4 級・5 級（2019-2023）

練習問題 1

次の (1) ～ (5) の（　　）内に入れるのにもっとも適切なものを、それ
ぞれ①～③のなかから 1 つずつ選び、解答欄のその番号にマークしてく
ださい。

(1) Elle ne (　　　) rien.

　　　① dis　　　② disent　　　③ dit

(2) Moi, je (　　　) le bus.

　　　① prend　　② prends　　③ prenons

(3) Mon ami (　　　) venir.

　　　① peut　　　② peuvent　　③ peux

(4) Nous (　　　) du fromage.

　　　① mangent　② mangeons　③ mangez

(5) (　　　) ton travail !

　　　① Finis　　② Finissez　　③ Finit　　　(20 秋)

解　説

(1)　Elle ne (dit) rien. 「彼女は何も言わない」

　問われている動詞は、dire「言う」です。その現在形は 〈je dis、tu dis、
il / elle / on dit、nous disons、vous dites、ils / elles disent〉 と活用します。
正解は③ dit です。複数 2 人称の活用が disez ではなく dites となることに注
意してください。また、ne ... rien で「何も～ない」という意味の否定文に
なります。

(2)　Moi, je (prends) le bus. 「私は、バスに乗ります」

　問われている動詞は、prendre「とる、食べる、乗る」です。その現在形

144

筆記試験 2

は〈je prends、tu prends、il / elle / on prend、nous prenons、vous prenez、ils / elles prennent〉と活用します。複数人称の活用で d が消えることに注意しましょう。正解は ② prends です。同じタイプの活用をする動詞として、prendre に由来する apprendre「学ぶ」や comprendre「理解する」などがあります。

(3) Mon ami (peut) venir.「私の友人は来ることができます」

問われている動詞は pouvoir「〜できる」です。その現在形は〈je peux、tu peux、il / elle / on peut、nous pouvons、vous pouvez、ils / elles peuvent〉と活用します。nous と vous の活用形の語幹が、不定詞 pouvoir の語幹 pou になることに注意しましょう。Mon ami「私の友人」は 3 人称単数ですから、正解は ① peut になります。これと同じタイプの活用をする動詞として vouloir「〜がほしい」があります。基本的な動詞のなかで、je、tu の活用形の語尾が x で終わるのは、pouvoir と vouloir の 2 つだけです。

(4) Nous (mangeons) du fromage.「私たちはチーズを食べます」

問われている動詞は manger「食べる」です。その現在形は〈je mange、tu manges、il / elle / on mange、nous mangeons、vous mangez、ils / elles mangent〉と活用します。正解は ② mangeons です。nous に対する活用形は mangons ではなく mangeons と g のあとに e が入りますので、注意してください。mangons では [mɑ̃gɔ̃マンゴン] という発音になってしまいます。ほかの活用形の音に合わせて [mɑ̃ʒɔ̃マンジョン] とするため、mangeons のつづり字になっているのです。なお、fromage「チーズ」の前についている du は部分冠詞です。

(5) (Finis) ton travail !「君の仕事を終えなさい」

動詞 finir「終える」の命令形の形が問われています。finir の命令形は、現在時制の活用形から作ります。主語をとり去って動詞だけの形にします。tu に対しては finis「終えなさい」、nous に対しては finissons「終えましょう」、vous に対しては finissez「終えてください」となります。ここでは ton travail「君の仕事」の ton から、tu に対する命令だとわかりますから、正解は ① Finis です。ちなみにその現在形は〈je finis、tu finis、il / elle / on finit、nous finissons、vous finissez、ils / elles finissent〉と活用します。このタイプの動詞の特徴は、複数人称の活用形で ss が現れることです。同型の活用

145

仏検公式ガイドブックセレクション 4 級・5 級（2019-2023）

をする動詞としては、ほかに choisir「選ぶ」などがあり、これら一群の動詞は -ir 動詞や第 2 群規則動詞などと呼ばれます。

解答 (1) ③   (2) ②   (3) ①   (4) ②   (5) ①

筆記試験 2

練習問題 2

次の (1) ～ (5) の（　　）内に入れるのにもっとも適切なものを、それ
ぞれ ① ～ ③ のなかから 1 つずつ選び、解答欄のその番号にマークしてく
ださい。

(1) Ils (　　) deux enfants.

　　① a　　　　② ai　　　　③ ont

(2) J'(　　) monsieur Dupontel demain.

　　① appelle　　② appelles　　③ appelons

(3) Nous (　　) la musique.

　　① apprend　　② apprennent　　③ apprenons

(4) Vite, (　　) dans la voiture !

　　① monte　　② montent　　③ montes

(5) Vous (　　) la nouvelle ?

　　① sais　　② savez　　③ savons　　　　(22 春)

解 説

(1) Ils (ont) deux enfants.「彼らには子どもが 2 人います（←彼らは 2 人の
子どもを持っている）」

　問われている動詞は、avoir「持つ」です。その現在形は〈j'ai、tu as、il /
elle / on a、nous avons、vous avez、ils / elles ont〉と活用します。正解は
③ ont です。avoir は être「～である」とともに、使用頻度が非常に高く、最
重要の動詞のひとつです。活用は不規則ですが、確実に覚えるようにしまし
ょう。

(2) J'(appelle) monsieur Dupontel demain.「私は、あしたデュポンテルさ

147

仏検公式ガイドブックセレクション 4 級・5 級（2019-2023）

んに電話をします」

　問われている動詞は、appeler「呼ぶ、電話する」です。その現在形は
〈j'appelle、tu appelles、il / elle / on appelle、nous appelons、vous appelez、
ils / elles appellent〉と活用します。正解は① appelle です。不定詞と nous、
vous の活用形の語幹は appel ですが、それ以外の人称の活用形では、語幹
は l を重ねて appell となるので注意しましょう。この活用中の appel は [apl
ァプル] と発音されますが、appelle / apellent は [apɛl アペル] と発音されるこ
とを示すためです。

⑶　Nous (apprenons) la musique.「私たちは音楽を学んでいます」

　問われている動詞は apprendre「学ぶ」です。apprendre はもともと
prendre「とる、食べる、乗る」から作られた動詞であるため、その活用も
prendre と同じパターンになります。その現在形は〈j'apprends、tu apprends、
il /elle / on apprend、nous apprenons、vous apprenez、ils / elles apprennent〉
と活用します。単数人称の活用形の語幹は apprend ですが、複数人称の活用
形の語幹は appren となります。複数人称の語幹で d が消えることに注意し
ましょう。正解は③ apprenons になります。

　練習問題 1 ⑵にある通り、この apprendre と同じ型の活用をする動詞と
して、やはり prendre に由来する comprendre「理解する」があります。なお、
attendre「待つ」や entendre「聞こえる」も不定詞の語尾は -dre ですが、
prendre とは異なる活用をするので注意が必要です。

⑷　Vite, (monte) dans la voiture !「早く、車に乗って」

　このフランス語文には主語がないことから、命令文だとわかります。文頭
の vite は「早く」という意味の副詞です。問われているのは、動詞 monter
「（高いところに）登る、（乗りものなどに）乗りこむ」の命令形です。
monter など、不定詞の語尾が -er で終わる規則動詞の命令形は、現在時制の
人称変化から作ります。tu に対しては monte (← tu montes)「乗りなさい」、
nous に対しては montons (← nous montons)「乗りましょう」、vous に対し
ては montez (← vous montez)「乗ってください、乗りなさい」となります。
nous と vous に対する命令形は、現在時制の人称変化から主語の nous、vous
を取るだけでよいのですが、tu に対する命令形は、tu montes の主語 tu とと
もに、montes の語尾の s も取って、monte としなければなりません。tu の
命令形の場合、直説法現在形の形が -es で終わるものと aller「行く」の 2 人

148

筆記試験 2

称単数形 vas からは、s をとる、と覚えておきましょう。それ以外では s は
そのままです。たとえば、 練習問題 1 (5) の Finis ton travail !「君の仕事を
終えなさい」が参考になります。

　さて、選択肢のなかで命令形は ① monte しかありません。② montent は 3
人称複数の現在形 (ils / elles montent)、③ montes は 2 人称単数の直説法現
在形 (tu montes) です。正解は ① monte です。

(5)　Vous (savez) la nouvelle ?「あのニュースを知っていますか」

　動詞 savoir「知っている」が問われています。その現在形は〈je sais、tu
sais、il / elle / on sait、nous savons、vous savez、ils / elles savent〉と活用
します。正解は ② savez です。不定詞 savoir の語幹 sav の最後の文字 v は、
単数人称の活用では消えますが、複数人称の活用形で再び現れます。

　なお、このように「情報」として何かを「知っている」ことを表わすには、
savoir を用いますが、すでに見たり、聞いたり、行ったりなど、自分の「経
験」を通して「知っている」という場合には、一般に connaître を使います。
Je connais un bon restaurant japonais.「私はいい日本料理店を知っています」
(『仏検公式基本語辞典』**connaître**）などの例が参考になるでしょう。

解答　(1) ③　　(2) ①　　(3) ③　　(4) ①　　(5) ②

仏検公式ガイドブックセレクション4級・5級（2019-2023）

練習問題3

次の(1)〜(5)の（　　）内に入れるのにもっとも適切なものを、それ
ぞれ①〜③のなかから1つずつ選び、解答欄のその番号にマークしてく
ださい。

(1) Il (　　　　) un livre.

    ① choisis   ② choisissent   ③ choisit

(2) Je (　　　　) par carte.

    ① paie   ② paies   ③ payez

(3) Nous (　　　　) finir ce travail ce soir.

    ① devons   ② doit   ③ doivent

(4) Tu (　　　　) ton nom ici.

    ① met   ② mets   ③ mettons

(5) (　　　　) de votre voiture !

    ① Sors   ② Sortent   ③ Sortez   (22秋)

解説

(1) Il (choisit) un livre.「彼は1冊の本を選びます」

　問われている動詞は、choisir「選ぶ」です。その現在形は〈je choisis、tu choisis、il / elle / on choisit、nous choisissons、vous choisissez、ils / elles choisissent〉と活用します。正解は③ choisit です。choisir と同じパターンで活用する動詞に、(3)の問題文に含まれる finir「終える、終わる」があります（**練習問題1** (5)を参考にしてください）。両方とも規則的に変化する、とても重要な動詞です。確実に活用を覚えるようにしましょう。

(2) Je (paie) par carte.「私はカードで支払います」

150

筆記試験 2

　問われている動詞は、payer「払う」です。その現在形は〈je paie、tu paies、il / elle / on paie、nous payons、vous payez、ils / elles paient〉と活用します。je、tu、il / elle / on、ils / elles の活用形で、i の部分が y になる別の系統もあり、その場合は〈je paye、tu payes、il / elle / on paye、ils / elles payent〉となります。不定詞の語尾が -er で終わる規則動詞ですが、問題文で問われている je paie のように、y が i に置きかわる系統の活用形もあることに気をつけましょう。本問題では、主語は je なので、正解は ① paie です。

(3) Nous (devons) finir ce travail ce soir.「私たちは今晩、この仕事を終えなければなりません」

　問われている動詞は、devoir「しなければならない」であり、このあとに活用していない動詞（不定詞）をともなって使われます。その現在形は〈je dois、tu dois、il / elle / on doit、nous devons、vous devez、ils / elles doivent〉と活用します。このように devoir の活用形の語幹には doi、dev、doiv の 3 種類があります。正解は ① devons です。

(4) Tu (mets) ton nom ici.「ここに君の名前を記入して」

　問われている動詞は、mettre「記入する」です。その現在形は〈je mets、tu mets、il / elle / on met、nous mettons、vous mettez、ils / elles mettent〉と活用します。なお、動詞 mettre の用法は広く、ここでは「記入する」という意味ですが、「置く、入れる」、「身につける」などの意味もあります。さらに、問題文は現在形で書かれた文ですが、内容としては、相手の tu に対して「記入してもらう」という「依頼」を表わしています。その意味では、現在形は tu / nous / vous を主語に用いると、命令形を用いた文と同等の内容になることがあると覚えておくとよいでしょう。正解は ② mets です。

(5) (Sortez) de votre voiture !「あなたの車から降りてください」

　主語がない文なので、命令文だということがわかります。動詞の命令形は、現在時制の人称変化から作りますが、ここで問題になっている動詞は sortir「出る」で、この文脈では「降りる」です。命令形は tu / nous / vous に対してのみ、活用形があります。sortir の命令形は、現在形の主語の代名詞を取った形をそのまま用いればいいのです。tu に対しては sors（← tu sors）「降りなさい」、nous に対しては sortons（← nous sortons）「降りましょう」、

151

仏検公式ガイドブックセレクション 4 級・5 級（2019-2023）

vous に対しては sortez (← vous sortez)「降りてください、降りなさい」となります。ここでは de votre voiture「あなたの車から」とあるため vous に対する命令だとわかります。正解は ③ Sortez です。

解答 (1) ③ (2) ① (3) ① (4) ② (5) ③

筆記試験 3

3

選択肢としてあたえられた語句を並べかえ、文を完成する問題です。
日本語の文を手がかりに、3つの選択肢の語順を考えます。配点8。

この問題では、

❶形容詞・副詞の位置
❷否定・疑問の表現
❸近接未来・近接過去
❹非人称表現

など、フランス語の初歩的な構文に関する知識が問われます。また、un peu
de「少しの」(12秋)、beaucoup de「たくさんの」(18秋)、loin de「～から
遠くに」(16秋)、près de「～の近くに」(17秋)、à pied「歩いて」(18春)、
など、前置詞をふくむ簡単な熟語表現が出題されることもあります。

上の❶～❹について、もう少しくわしく見てみましょう（以下の例では、
太字の部分が実際に出題された問題の選択肢に相当します）。

❶形容詞・副詞の位置

フランス語の形容詞は名詞のあとに置くのが原則です。

Ce **sac rouge coûte** cher.「この赤いカバンは値段が高い」(16春)
C'est **un vélo italien**.「これはイタリア製の自転車です」(18春)

ただし、grand、petit、bon、jeune、beau など、1～2音節の短い形容
詞で、日常的にひんぱんに使われるものは、名詞の前に置かれます。

Ils ont **une belle maison**.「彼らはすてきな家を持っている」(15秋)

また、動詞を修飾する bien、souvent、encore、主に形容詞やほかの
副詞を修飾する très などの副詞の位置にも注意が必要です。前者は一
般に動詞のあと、後者は形容詞や副詞の前に置かれます。

153

仏検公式ガイドブックセレクション 4 級・5 級（2019-2023）

Elle **va souvent au** cinéma.「彼女はよく映画に行く」（12 秋）
Elle se **couche très tard**.「彼女は寝るのがとても遅い」（16 春）

❷否定・疑問の表現
否定文は動詞や助動詞を ne (n') ... pas ではさんで作ります。

Je n'**ai pas de** frères.「兄弟はいません」（15 秋）

また、ne ... pas 以外にもさまざまな否定表現があり、ne ... plus「も
う〜ない」、ne ... jamais「けっして〜ない」、ne ... rien「何も〜ない」
などが出題されています。

Je ne **veux plus manger**.「私はもう食べたくない」（15 春）
Il **ne dit rien**.「彼は何も言わない」（09 秋）

疑問文では疑問代名詞 qui や疑問副詞（comment、combien (de) など）
のほか、疑問形容詞 quel の用法もこの問題でしばしば出題されていま
す。

Il **sort avec qui** ?「彼はだれと出かけるの」（08 春）
Comment va ton père ?「お父さんはお元気？」（15 秋）
Il y a **combien de crayons** ?「鉛筆は何本ありますか」（16 秋）
Quel **est votre nom** ?「あなたのお名前は」（17 秋）
Tu **as quel âge** ?「君は何歳」（15 秋）

このように quel には、動詞 être を用いて補語になり、「〜ですか？」
となる場合と、名詞の直前に置かれて「どんな〜？」という疑問を表わ
す場合とがあります。

❸近接未来・近接過去
5 級で出題される動詞の時制は直説法現在のみですが、「（これから）
〜するところ」という近い未来、「〜したばかり」という近い過去の行
為や出来事は、それぞれ〈aller ＋不定詞〉、〈venir de ＋不定詞〉の形で
表わすことができます。

154

Mon fils **va travailler aux** États-Unis.

「私の息子はアメリカで働きます」（16 秋）

Mon père **vient de partir**.「父は出かけたところです」（14 春）

❹非人称表現

　代名詞の il を形式上の主語として用いる構文を非人称構文と呼びます。このうち、5 級の出題範囲にふくまれるのは、提示表現の il y a「～がある（いる）」のほか、il pleut「雨が降る」などの天候の表現や、il faut（＋不定詞）「～が必要です（～しなければならない）」などの表現です。

Est-ce qu'**il y a** du pain ?「パンはある？」（10 春）

Il faut une chaise.「いすが 1 つ必要です」（14 秋）

Il pleut beaucoup ce matin.

「けさは雨がたくさん降っている」（11 秋）

Il fait beau aujourd'hui.「きょうは天気がいい」（14 春）

仏検公式ガイドブックセレクション 4 級・5 級（2019-2023）

練習問題 1

　例にならい、次の (1) ～ (4) において、それぞれ①～③をすべて用いて、あたえられた日本語に対応する文を完成したときに、（　　）内に入るのはどれですか。①～③のなかから 1 つずつ選び、解答欄のその番号にマークしてください。

　例：私たちはパリの出身です。

　　Nous ＿＿＿＿＿ （　　　） ＿＿＿＿＿ .

　　　① de　　　　　　② Paris　　　③ sommes

　　Nous sommes （ de ） Paris .
　　　　　③　　　　①　　　②

となり、③ ① ②の順なので、（　　　）内に入るのは①。

(1) 家にはだれもいない。

　　Il n'y ＿＿＿＿＿ （　　　） ＿＿＿＿＿ la maison.

　　　① a　　　　　　② dans　　　③ personne

(2) 日本では 6 月に雨がたくさん降る。

　　Au Japon, il ＿＿＿＿＿ （　　　） ＿＿＿＿＿ juin.

　　　① beaucoup　　② en　　　③ pleut

(3) 母は出かけたところです。

　　Ma mère ＿＿＿＿＿ （　　　） ＿＿＿＿＿ .

　　　① de　　　　　　② partir　　　③ vient

(4) ほら、赤鉛筆ですよ。

　　Voilà ＿＿＿＿＿ （　　　） ＿＿＿＿＿ .

　　　① crayon　　　② rouge　　　③ un　　　　　　（19 春）

筆記試験 ③

解 説

(1) Il n'y a (personne) dans la maison.

冒頭の Il n'y は、非人称表現 il y a ...「～がある」の否定形 il n'y a pas...「～がない」ではないかと、まず考えてみましょう。しかし選択肢には pas はありません。ここでは、ne ... pas ではなく、ne ... personne「だれも～ない」という否定の表現が使われているのです。つまり、Il n'y ① a ③ personne「だれもいない」となります。つぎに、la maison「家」の前に前置詞 ② dans「～のなかに」を置くと、dans la maison「家には」ができあがります。正解は ③ personne です。ne ... personne「だれも～ない」は、ne ... rien「何も～ない」とともに否定の表現として覚えておきましょう。

(2) Au Japon, il pleut (beaucoup) en juin.

まず、一般に天候を表わすときの主語は、非人称の il であることを思い出してください。動詞「雨が降る」の不定詞は pleuvoir ですが、3人称単数でしか用いられないので、現在形ではつねに il ③ pleut という形になります。また juin「6月」のような月名の前について「～に」の意味になる前置詞は ② en です。en juin「6月に」となります。① beaucoup は「たくさん」の意味の副詞で動詞のうしろに置かれます。正解は ① beaucoup です。

(3) Ma mère vient (de) partir.

「～したところだ」という近接過去の表現には、〈venir de ＋不定詞〉を用いることがポイントです。主語の Ma mère「私の母」に対応する動詞 venir の3人称単数の活用形 ③ vient のあとに、① de と不定詞 ② partir「出かける」をつづけます。正解は ① de です。

(4) Voilà un (crayon) rouge.

Voilà の後にくる語句として、まず ③ un と ① crayon を組み合わせた un crayon「1本の鉛筆」が思いつくでしょう。問題は ② rouge「赤い」という形容詞をどこに置くかです。このような色彩を表わす形容詞はかならず名詞のうしろに置きますので、un crayon rouge となります。正解は ① crayon です。

解答 (1) ③　　(2) ①　　(3) ①　　(4) ①

157

仏検公式ガイドブックセレクション 4 級・5 級（2019-2023）

練習問題 2

　例にならい、次の (1)〜(4) において、それぞれ①〜③をすべて用いて、あたえられた日本語に対応する文を完成したときに、（　　）内に入るのはどれですか。①〜③のなかから 1 つずつ選び、解答欄のその番号にマークしてください。なお、①〜③では、文頭にくるものも小文字にしてあります。

　例：東京に友だちがいるの？

　　　Tu ＿＿＿＿（　　）＿＿＿＿ à Tokyo ?

　　　　① amis 　　　② as 　　　③ des

　　　Tu <u>　as　</u>（　des　）<u>　amis　</u> à Tokyo ?
　　　　　②　　　　　　③　　　　　　①

　となり、② ③ ①の順なので、（　　）内に入るのは③。

(1) アレクシは美しい目をしている。

　　　Alexis a ＿＿＿＿（　　）＿＿＿＿.

　　　　① beaux 　　　② de 　　　③ yeux

(2) 車に気をつけて。

　　　＿＿＿＿（　　）＿＿＿＿ voitures.

　　　　① attention 　　② aux 　　　③ fais

(3) 何時ですか。

　　　Il ＿＿＿＿（　　）＿＿＿＿ ?

　　　　① est 　　　② heure 　　　③ quelle

(4) ニコラは何もわかっていない。

　　　Nicolas ＿＿＿＿（　　）＿＿＿＿.

　　　　① comprend 　② ne 　　　③ rien　　　　　（22 春）

筆記試験 3

解 説

(1) Alexis a de (beaux) yeux.

　この文の動詞 a は avoir「持つ」の 3 人称単数の活用形です。したがって、3 つの下線部に入るのは、アレクシが持っている「美しい目」ということになります。その核となるのは名詞③ yeux「目」です。yeux [jø ィユー] は男性名詞で œil [œj ウィユ] の複数形です（単数と複数で形と発音が変わりますので注意してください）。この yeux を修飾するのが形容詞① beaux「美しい」です。beaux は男性複数の形で、男性単数では beau（第 2 形は bel）、女性単数では belle の形になります。一般にフランス語の形容詞は名詞のあとに置かれますが、この beau (bel / belle) や petit(e)「小さい」、joli(e)「きれいな」などの日常よく使用される短めの形容詞は、名詞の前に置かれます。ここで beaux yeux「美しい目」という意味のまとまりができます。では、② de は何でしょう？これは複数の名詞の前につく不定冠詞 des が形を変えたものなのです。不定冠詞の des は、beaux yeux のように、複数名詞の前に形容詞が置かれたとき、原則として de になることを思い出してください。正解は① beaux です。

　なお、目の色をトピックにする場合、色彩を表わす形容詞は名詞のあとに置かれますので、次のようになります。

　　Il a les yeux bleus.

　　　「彼は青い目をしている」（『仏検公式基本語辞典』**yeux**）

　このとき、yeux　bleus「青い目」は、主語の Il「彼」固有の身体的特徴を客観的に示しているので、定冠詞 les がつきます。

(2) Fais (attention) aux voitures.

　日本語文および選択肢から、この文が命令文であることがわかるでしょう。となれば、まず文の最初にくるのは動詞の命令形になります。選択肢のなかでそれに該当するのは、動詞 faire「する、作る」の 2 人称単数つまり tu に対する命令形の③ fais です。また、この faire は① attention「注意」と結びついて、faire attention「注意をする」という熟語を作ります。さらに、② aux は前置詞 à と複数定冠詞 les が結合した縮約形ですから、次には複数の名詞 voitures がきて、aux voitures「車に」となります。つまりここでは、faire、attention、および前置詞の à が結びついた faire attention à「～に注意する」という表現が用いられているのです。正解は① attention です。

159

仏検公式ガイドブックセレクション 4級・5級（2019-2023）

⑶ Il est (quelle) heure ?

時刻を問う疑問文です。まず、選択肢③の疑問形容詞 quelle「どんな」と
② heure「時間、時刻」が結びついて quelle heure「何時」というまとまり
ができます。

また、一般に時刻を表わす表現では、主語は非人称の il、動詞は être を用
います。時刻を尋ねる際には、本来、疑問詞の部分が文頭にきて、そのあと
主語と動詞が倒置され、Quelle heure est-il ?「何時ですか」という語順にな
ります。しかし日常会話では、本設問文のように est-il の倒置が避けられて
il est となり、疑問詞の部分 quelle heure があとに置かれることがしばしば
あります。

この文は、Il という 3 人称単数の主語で始まっているので、Il に対応する
動詞 être の活用形① est が続き、その次に③ quelle ② heure がくることにな
ります。正解は③ quelle です。

さて、ここで heure は単数の女性名詞なので、疑問形容詞もそれに一致し
た quelle となっていますが、修飾する名詞が男性単数であれば quel の形に
なります。たとえば単数の男性名詞 temps「天気」であれば、Quel temps
... ?「どんな天気〜？」のようになります。ただしこのとき用いる動詞は、
être ではなく faire です。

Quel temps fait-il à Paris ? ― Il pleut.
「パリの天気はどう？―雨が降っている」
（『仏検公式基本語辞典』**temps**）

⑷ Nicolas ne (comprend) rien.

選択肢のなかで動詞は① comprend しかありません。comprend は動詞
comprendre「わかる、理解する」の 3 人称単数の現在形です。⑵ **練習問題 2**
⑶の apprendre と同様に、prendre と同じパターンの活用をします。さて文
意からも、選択肢②の ne からも、この設問文が動詞 comprendre を否定に
した文であることがわかります。

フランス語の否定文は一般に動詞の前後を ne と pas ではさんで作ります
が、この選択肢には pas がありません。ここでは pas にかえて③ rien が用い
られ、ne ... rien で「何も〜ない」という意味の否定文になっているのです。
したがって、主語 Nicolas の次には、動詞① comprend の前に② ne が、そ
のあとに③ rien がくることになります。正解は① comprend です。

160

筆記試験 ③

解答　(1) ①　　(2) ①　　(3) ③　　(4) ①

161

仏検公式ガイドブックセレクション 4 級・5 級（2019-2023）

練習問題 3

例にならい、次の(1)～(4)において、それぞれ①～③をすべて用いて、あたえられた日本語に対応する文を完成したときに、（　　）内に入るのはどれですか。①～③のなかから 1 つずつ選び、解答欄のその番号にマークしてください。

例：私たちはパリの出身です。

Nous ＿＿＿＿＿ （　　　） ＿＿＿＿＿.

① de　　　　　② Paris　　　③ sommes

Nous sommes （ de ） Paris .
　　　　③　　　　①　　　　　②

となり、③ ① ②の順なので、（　　）内に入るのは①。

(1) 彼はピアノが上手だ。

Il ＿＿＿＿＿ （　　　） ＿＿＿＿＿ piano.

① bien　　　　② du　　　　③ joue

(2) ここで食べてはいけません。

Il ne ＿＿＿＿＿ （　　　） ＿＿＿＿＿ ici.

① faut　　　　② manger　③ pas

(3) これが私たちの新しい住所です。

Voici ＿＿＿＿＿ （　　　） ＿＿＿＿＿.

① adresse　　② notre　　③ nouvelle

(4) 早起きだね。

Tu ＿＿＿＿＿ （　　　） ＿＿＿＿＿ le matin.

① lèves　　　　② te　　　　③ tôt

（23 秋）

筆記試験 ③

解説

(1) Il <u>joue</u> (<u>bien</u>) <u>du</u> piano.

　問題文の「ピアノがじょうずだ」は、「じょうずにピアノをひく」と読み
かえることができます。楽器を「ひく」に相当するフランス語の動詞は
jouer で、③ joue がその活用形です。（楽器について）「～をひく」と述べる
場合、jouer de という形をとり、「ギターをひく」は jouer de la guitare、「ピ
アノをひく」であれば、jouer de + le piano で、jouer du piano となります
（この場合、前置詞 de と定冠詞 le が縮約されて du となることに注意してく
ださい）。①の副詞 bien「じょうずに」は動詞 jouer（③ joue）のすぐあとに
置きます。① bien が正解です。

(2) Il ne <u>faut</u> (<u>pas</u>) <u>manger</u> ici.

　選択肢① faut (< falloir) は、非人称の代名詞 il とともに用いる動詞で、〈il
faut ＋不定詞〉は「～しなければならない」、これを否定にした〈il ne faut
pas ＋不定詞〉は「～してはならない」という意味で用います。問題文の場合、
② manger「食べる」がこの不定詞にあたりますから、③ pas が正解です。文
の主語は(1)と同じ il ですが、(1)では il が「彼」という意味の人称代名詞、
(2)では Il fait beau.「天気がよい」などと同じ非人称の代名詞として用いら
れていることに注意してください。

(3) Voici <u>notre</u> (<u>nouvelle</u>) <u>adresse</u>.

　問題文と選択肢を見くらべると、日本語の「住所」に対応する名詞が①
adresse、「私たちの」に相当する所有形容詞が② notre であることがわかり
ます。③ nouvelle は「新しい」という意味の形容詞 nouveau の女性形です。
フランス語の形容詞は、名詞のあとに置くのが原則ですが、**練習問題 2** (1)
で見た通り、bon「よい、おいしい」、grand「大きい」、jeune「若い」など、
日常的によく使われる短い形容詞には名詞の前に置かれるものがあり、この
問題の nouveau もその１つです。そのため、問題文では、② notre と③
nouvelle がどちらも名詞 adresse の前に置かれることになります。その場合、
語順は〈所有形容詞＋形容詞〉とするのが原則ですから、③ nouvelle が正解
です。

(4) Tu te (<u>lèves</u>) tôt le matin. となり、

　選択肢① lèves は動詞 lever の活用形です。lever は、ここでは再帰代名詞

163

仏検公式ガイドブックセレクション4級・5級（2019-2023）

をともなう代名動詞 (se lever) の形で用いられており、これが日本語の「起きる」に相当します。再帰代名詞 se は主語に応じて形が変わり、問題文の場合、文の主語の Tu に合わせ、② te が用いられることになります。③ tôt は「早く」という意味の副詞で、(1) の bien と同様、動詞のすぐあとに置きます。① lèves が正解です。

se lever「起きる」を例に、再帰代名詞の形を確認しておきましょう。

je **me** lève
tu **te** lèves
il / elle / on **se** lève
nous **nous** levons
vous **vous** levez
ils / elles **se** lèvent

解答　(1) ①　　(2) ③　　(3) ③　　(4) ①

164

筆記試験 **4**

4

質問に対する**適切な応答**を選ぶ問題です。配点 8。

日常的な会話でよく用いられる 4 つの質問に対し、それぞれ適切な応答を 2 つの選択肢から選んで解答します。
質問の文は疑問詞をふくむものとそうでないものがあります。

❶疑問詞を用いた質問と応答の例

Vous avez combien d'enfants ?
① J'ai deux filles.
② J'ai deux sœurs.　　　　（13 春）

この例では疑問副詞 combien を用い、「子どもさんは何人いますか」と「数」を尋ねています。応答は①が「女の子が 2 人います」、②が「女のきょうだいが 2 人います」となり、①が正解です。

過去の出題を例に、おもな疑問詞の用法をまとめておきましょう。

☆疑問代名詞
qui「だれが（を）」:
Qui vient ce soir ?「今夜はだれが来るの」（17 春）
Qui cherchez-vous ?「だれをさがしているのですか」（17 秋）
※ qui は前置詞とともに用いることもできます。
Tu viens avec qui ?「あなたはだれと来るの」（16 春）

que, qu'est-ce que「何（を）」:
Que mangez-vous au petit déjeuner ?
「朝食には何を食べますか」（12 秋）
Qu'est-ce qu'il fait, ton frère ?
「君の兄（弟）さんは何をしているの（職業）」（16 春）

165

仏検公式ガイドブックセレクション 4 級・5 級（2019-2023）

☆疑問副詞

où「どこに、どこで」:

Où est ton frère ?「君の兄（弟）さんはどこにいるの」(18 春)

※ où は前置詞 de と組み合わせ、d'où「どこから」の意で用いられることもあります。

D'où vient-il ?

「彼はどこから来たのですか（出身はどこですか）」(15 秋)

quand「いつ」:

Quand est-ce que vous rentrez ?

「あなたはいつもどりますか」(14 春)

comment「どうやって、どんな」:

Il est comment, son appartement ?

「彼（女）のアパルトマンはどんな風？」(18 春)

Comment rentrez-vous ?

「あなたはどうやって帰りますか」(15 春)

combien (de)「いくつ、どのくらい」:

Elles restent combien de temps ?

「彼女たちはどれくらい滞在しますか」(15 秋)

pourquoi「なぜ」:

Pourquoi il ne mange pas ?「どうして彼は食べないの」(17 秋)

☆疑問形容詞

quel「どんな」:

La classe finit à quelle heure ?

「授業は何時に終わりますか」(14 秋)

Quel livre choisis-tu ?

「どの本にする（君はどんな本を選ぶの）」(15 春)

❷疑問詞をふくまない質問と応答の例

Pierre est là ?

① Non, il est au bureau.

② Oui, il est assez grand.（14 春)

筆記試験 4

　質問の文は「ピエールはいますか」という意味です。これに対する応答は、①が「いいえ、彼はオフィスにいます」、②が「はい、彼はかなり背が高い（または年齢について「十分に大きい」）」ですから、応答として適切なのは①ということになります。

仏検公式ガイドブックセレクション 4 級・5 級（2019-2023）

練習問題 1

　次の(1)〜(4)に対する応答として適切なものを、それぞれ①、②から選び、解答欄のその番号にマークしてください。

(1) Il fait beau ?

　　① Non, il neige.

　　② Oui, il est neuf heures.

(2) Qui est cette dame ?

　　① C'est la mère de Philippe.

　　② Elle est gentille.

(3) Tu vas comment à l'université ?

　　① Au Japon.

　　② À vélo.

(4) Vous mangez où ce soir ?

　　① Chez nous.

　　② Du poisson.

（19 秋）

解 説

(1) Il fait beau ?「晴れていますか」

　非人称構文 Il fait ... は天候を表わします。他に天候を尋ねる表現として Quel temps fait-il ? もありますので、合わせて覚えておきましょう。対する答えは ① Non, il neige.「いいえ、雪が降っています」が適切で、② Oui, il est neuf heures.「はい、9 時です」ではまったく質問に答えられていません。正解は ① Non, il neige. です。

(2) Qui est cette dame ?「このご婦人はどなたですか」

筆記試験 4

　Qui は人を尋ねる疑問詞です。① C'est la mère de Philippe.「フィリップ
のお母様です」が適切な応答になります。② Elle est gentille.「彼女は親切
です」では応答になりません。正解は① C'est la mère de Philippe. です。ち
なみに、Elle est gentille. という答えをみちびく疑問文は、たとえば Comment
est-elle, cette dame ?「このご婦人はどんな方ですか」です。

⑶　Tu vas comment à l'université ?「大学にはどうやって行ってるの」
　comment で方法や手段を問う文です。② À vélo.「自転車で（行ってる）」
が適切な応答になります。① Au Japon.「日本へ」では応答になりません。
正解は② À vélo. です。ちなみに、Au Japon. の答えをみちびく疑問文は、
たとえば Où vas-tu ?「どこへ行くの」です。また Comment vas-tu ?のみで
相手の調子を尋ねる表現もあります。その際の応答としては Je vais bien,
merci. などです。

⑷　Vous mangez où ce soir ?「今晩はどこで食事するのですか」
　où は場所を尋ねる疑問詞です。① Chez nous.「私たちの家で（食事しま
す）」が適切な応答になります。② Du poisson.「お魚を（いただきます）」
では応答になりません。正解は① Chez nous. です。Du poisson. をみちびく
疑問文は、たとえば Qu'est-ce que vous mangez ce soir ?「今晩は何を食べ
るのですか」です。

解答　⑴ ①　　⑵ ①　　⑶ ②　　⑷ ①

169

仏検公式ガイドブックセレクション 4 級・5 級（2019-2023）

練習問題 2

次の (1) 〜 (4) に対する応答として適切なものを、それぞれ①、②から選び、解答欄のその番号にマークしてください。

(1) Ça coûte combien ?

    ① Le 3 juin.

    ② 24 euros.

(2) Il vient de rentrer du Japon ?

    ① Oui, ce matin.

    ② Oui, demain après-midi.

(3) Quel jour sommes-nous ?

    ① Il fait mauvais.

    ② Nous sommes jeudi.

(4) Vous payez comment ?

    ① Par avion.

    ② Par carte.

(21 秋)

解 説

(1) Ça coûte combien ?「いくらですか」

疑問詞 combien を使って値段を尋ねている質問ですから、② 24 euros.「24 ユーロです」が正解です。① Le 3 juin. は「6 月 3 日です」の意なので、質問の文に対する応答にはなりません。もし日付を尋ねるのであれば、たとえば C'est le combien ? もしくは Nous sommes le combien ?「（きょうは）何日ですか」といった質問の文になるはずです。

問題文の Ça coûte combien ? は特定のものの値段を尋ねる言い方ですが、

170

筆記試験 4

いくつかのものを買って値段の合計を尋ねるのであれば、動詞に faire を用い、Ça fait combien?「いくらになりますか」という言い方をします（『仏検公式基本語辞典』**combien**）。

⑵　Il vient de rentrer du Japon?「彼は日本からもどったところですか」
　問題文の〈venir de ＋不定詞〉は近接過去を表わし、「～したところ」の意になります（Je viens de déjeuner.「私は昼食をとったところです」『仏検公式基本語辞典』**venir**）。選択肢のうち、② Oui, demain après-midi.「はい、あすの午後」では、未来のことになってしまうので、問題文に対する適切な応答にはならず、① Oui, ce matin.「はい、けさ（戻りました）」が正解です。ここまで見てきた通り、この問題の〈venir de ＋不定詞〉とは逆に、近い未来を表わす場合は〈aller ＋不定詞〉という表現を用いますから、ここでもう一度、確認しておきましょう（Le train va arriver.「列車はまもなく到着します」『仏検公式基本語辞典』**aller**）。

⑶　Quel jour sommes-nous?「（きょうは）何曜日ですか」
　問題文の quel jour が「曜日」を尋ねる言い方になることに注意しましょう。たとえば「あすは何曜日ですか」と尋ねるのであれば、Demain, c'est quel jour?のように言います。応答の文は、①が Il fait mauvais.「天気が悪いです」、②が Nous sommes jeudi.「木曜日です」なので、②が正解です。① Il fait mauvais. は非人称主語の il を使って「天候」を表わす言い方ですが、①が答えになるのは、Quel temps fait-il?「どんな天気ですか」のような質問の場合です。

⑷　Vous payez comment?「お支払いはどのようになさいますか」
　疑問詞 comment を用い、支払いの「方法・手段」を尋ねている質問です。応答の文は、①が Par avion.「航空便で」、②が Par carte.「カードで」ですから、②が正解です。なお、「カードで（支払う）」は、問題文の par carte のほか、avec une carte という言い方も可能です（Vous payez avec une carte?「カードでお支払いですか」『仏検公式基本語辞典』**carte**）。また、avion「飛行機」については、<u>par</u> avion「航空便で」と <u>en</u> avion「飛行機で」の使い分けをおさえておくとよいでしょう。

解答　⑴ ②　　⑵ ①　　⑶ ②　　⑷ ②

171

仏検公式ガイドブックセレクション4級・5級（2019-2023）

練習問題 3

次の(1)～(4)に対する応答として適切なものを、それぞれ①、②から選び、解答欄のその番号にマークしてください。

(1) Ce film, il est comment ?

   ① Il est intéressant.

   ② Il fait mauvais.　　　　　　　　　　　　　　（22秋）

(2) Nous allons nous promener ?

   ① Avec plaisir !

   ② Oui, hier.　　　　　　　　　　　　　　　　（22秋）

(3) Quand part le train ?

   ① À la gare.

   ② Dans dix minutes.　　　　　　　　　　　　（22秋）

(4) Qu'est-ce qu'elle fait, votre mère ?

   ① Elle aime les animaux.

   ② Elle est professeure.　　　　　　　　　　　（21春）

解説

(1) Ce film, il est comment ?「この映画はどうですか」

　質問に使われている動詞はestであり、これはêtreの活用形です。Commentは様態や性質をきく疑問副詞で、ここではil「それ」、つまりCe film「この映画」の印象をきかれています。② Il fait mauvais.「悪天候です」では応答になりません。これは非人称の代名詞ilを主語とし、〈非人称主語 il + fait (< faire) + 形容詞〉で、天候や寒暖を表わす表現であり、話題とは関係のない答えだからです。① Il est intéressant.「面白いです」では、ce

---

172

筆記試験 4

film をうける主語代名詞 il の次に動詞 est（< être）が置かれ、そのあとに印象を述べる形容詞 intéressant「面白い、興味深い」がつづいています。したがって、① Il est intéressant. が正解です。

⑵　Nous allons nous promener ?「私たちは散歩をしましょうか」

　allons は動詞 aller の 1 人称複数の活用形です。〈aller ＋不定詞〉で、近々予定していること、これからすることを述べる表現です。nous promener はもともと se promener「散歩する」という代名動詞ですが、ここでは、主語と同じものを指す再帰代名詞 se が、主語 Nous にあわせて nous となり、nous promener となっています。

　この文は誘いかけですから、応答で、誘いを承諾する表現か、断わる表現が予想されます。② Oui, hier.「はい、きのう」では、まったく応答になりません。① Avec plaisir.「よろこんで」が正解です。

⑶　Quand part le train ?「電車はいつ出ますか」

　質問の文にふくまれる動詞は part で、動詞 partir「出発する、出る」の 3 人称単数の現在形です。主語は le train「電車」です。文頭の疑問副詞 quand は時を尋ねる疑問詞ですから、応答でも時の表現で答える文が予想されます。① À la gare.「駅で」では、場所を答えることになってしまい、問いに対する応答としてふさわしくありません。時を答えている② Dans dix minutes.「10 分後に」が正しい応答とわかります。正解は、② Dans dix minutes. です。

⑷　Qu'est-ce qu'elle fait, votre mère ?「あなたのお母さんは何をしているのですか」

　動詞 faire を用い、「職業、仕事」を尋ねている質問ですから、② Elle est professeure.「彼女は教師です」が正解です。① Elle aime les animaux.「彼女は動物が好きです」では適切な応答になりません。professeur「教師、先生」は女性に対しても男性名詞が用いられてきた職種であるため、女性の場合は professeur、professeure のどちらも可能です。ちなみに状況によっては、同じ質問で、「いま（このときに）何をしているのですか」と、「行為」について尋ねることもできます。その場合の応答は、たとえば Elle regarde la télévision.「彼女はテレビを見ています」、Elle prépare le dîner.「彼女は夕食の準備をしています」などになるでしょう。

173

仏検公式ガイドブックセレクション 4 級・5 級（2019-2023）

解答 (1) ① (2) ① (3) ② (4) ②

筆記試験 5

5

語彙に関する問題です。配点 8。

日本語の指示にしたがい、4 つの設問のそれぞれについて、3 つの選択肢から適切な語を選んで解答します。選択すべき語には

❶日本語で示された**特徴を持つ**語
❷日本語で示された**特徴を持たない**語
❸示されたフランス語の**反対の意味**を持つ語

など、いくつかのパターンがあるので、問題の指示文の内容に注意してください。近年は、❷のパターンが連続して出題されています。

このうち、❶、❷については、名詞を中心に、形容詞、前置詞、動詞が出題されるので、日常的に使われる基本語彙を、いくつかのカテゴリー別にまとめておくとよいでしょう。また『仏検公式基本語辞典』に収められた「絵で見る関連語」のコーナーも便利です。

2014 年度以降のおもな出題は以下のとおりです。

「職業」（18 秋）

「飲みもの」（16 春、17 春、23 秋）

「乗りもの」（15 春、16 秋、18 秋、20 秋、23 秋）

「移動」（14 秋、17 春、19 春、21 春、23 秋）

「（暦の）月」（15 春、17 秋、23 春）

「季節」（16 秋、19 春）

「いきもの」（16 春、17 春、20 秋）

「家族」（15 秋、21 秋）

「食べもの」（14 春、16 秋、19 秋）

「公共施設」（19 秋、22 秋）

「身体」（14 秋、16 秋、17 秋、19 秋）

「曜日」（18 秋）

「方位」（16 秋、21 春）

「色」（15 秋、18 秋、21 秋）

175

仏検公式ガイドブックセレクション 4 級・5 級（2019-2023）

練習問題 1

次の (1)〜(4) において、日本語で示した**特徴を持たない語**を、それぞれ①〜③のなかから 1 つずつ選び、解答欄のその番号にマークしてください。

(1) 買いもの

  ① apprendre ② choisir ③ payer

(2) 公共施設

  ① gare   ② hôpital ③ jambe

(3) 身体

  ① bateau ② bras ③ pied

(4) 食べもの

  ① bus   ② fromage ③ pomme   （19 秋）

解 説

(1) 3 つの選択肢の意味は、それぞれ① apprendre「学ぶ」、② choisir「選ぶ」、③ payer「（金を）支払う」です。「買いもの」と直接の関係がない語は apprendre ですから、正解は①です。

(2) 3 つの選択肢の意味は、それぞれ① gare「駅」、② hôpital「病院」、③ jambe「脚」です。「公共施設」でないものは jambe ですから、正解は③です。公共施設を表わす語は、ほかに musée「美術館、博物館」や poste「郵便局」などがあります。合わせて確認しておきましょう。

(3) 3 つの選択肢の意味は、それぞれ① bateau「船」、② bras「腕」、③ pied「足」です。「身体」と関係のないものは bateau ですから、正解は①です。

(4) 3 つの選択肢の意味は、それぞれ① bus「バス」、② fromage「チーズ」、

176

筆記試験 5

③ pomme「リンゴ」です。「食べもの」を表わさないのは bus です。正解は
① です。

解答 (1) ①　　(2) ③　　(3) ①　　(4) ①

仏検公式ガイドブックセレクション 4 級・5 級 (2019-2023)

練習問題 2

次の (1) 〜 (4) において、日本語で示した**特徴を持たない語**を、それぞれ ① 〜 ③ のなかから 1 つずつ選び、解答欄のその番号にマークしてください。

(1) 色

　　　① bleu　　　② droit　　　③ vert

(2) 家族

　　　① étudiant　　② fille　　　③ grand-père

(3) 果物

　　　① banane　　② chaise　　　③ pomme

(4) 趣味

　　　① chanter　　② fermer　　　③ lire　　　(21 秋)

解 説

(1) 3 つの選択肢のうち、「色」と関係のない語を選びます。① bleu は「青い、ブルーの」、③ vert は「緑の、グリーンの」ですから、② droit「右の、右側の」が正解です。色を表わす語には、このほか、blanc「白い」、jaune「黄色の」、noir「黒い」、rouge「赤い」などがあります。それぞれの形容詞の女性形も確認しておきましょう。jaune と rouge は男女同形、そのほかの形容詞は bleu → bleue、vert → verte、blanc → blanche、noir → noire と変化します。

(2) 3 つの選択肢のうち、「家族」でないものを選びます。② fille は「(息子に対して) 娘」、③ grand-père は「祖父、おじいさん」ですから、① étudiant「学生」が正解です。fils「(娘に対して) 息子」、grand-mère「祖母、おばあさん」も合わせて覚えておきましょう。

178

筆記試験 5

⑶　3つの選択肢のうち、「くだもの」を表わさないものを選びます。①
banane は「バナナ」、② chaise は「いす」、③ pomme は「りんご」ですから、
②が正解です。

⑷　3つの選択肢はすべて動詞です。意味はそれぞれ、① chanter「歌う」、
② fermer「閉まる、閉じる」、③ lire「読書する」となります。このうち「趣
味」とは関係がない②が正解です。

解答　⑴ ②　　⑵ ①　　⑶ ②　　⑷ ②

仏検公式ガイドブックセレクション4級・5級（2019-2023）

練習問題3

次の(1)～(4)において、日本語で示した**特徴を持たない語**を、それぞれ①～③のなかから1つずつ選び、解答欄のその番号にマークしてください。

(1) 位置

    ① derrière   ② sous   ③ tard

(2) 感情

    ① content   ② facile   ③ triste

(3) 国名

    ① Chine   ② Corée   ③ Lyon

(4) 自然

    ① arbre   ② montagne   ③ vélo   （22 春）

解説

(1) 3つの選択肢のうち、「位置」と関わりのない語を選びます。① derrière は「～のうしろに」、② sous は「～の下に」の意味ですから、正解は③ tard「遅く」です。ほかに「位置」を示すものとして、derrière の対義語 devant「～の前に」や sous の対義語 sur「～の上に」、および dans「～のなかで」も合わせて確認しておきましょう。

(2) 3つの選択肢のうち、「感情」を表わさない語を選びます。① content は「満足している、うれしい」、③ triste は「悲しい」の意味ですから、正解は② facile「やさしい、容易な」です。ほかに「感情」を表わす語として heureux「幸福な」（女性単数形は heureuse）も重要です。

(3) 3つの選択肢の意味は、それぞれ① Chine「中国」、② Corée「韓国」、

180

筆記試験 5

③ Lyon「リヨン」です。「国名」と関係のないものは都市名の Lyon ですから、正解は ③ Lyon です。重要な「地域名・国名・都市名」は、『仏検公式基本語辞典』の p. 194 にその一覧が記載されていますので、参考にしてください。

⑷　3つの選択肢のうち「自然」と関係のない語を選びます。① arbre は「木」、② montagne は「山」ですから、正解は ③ vélo「自転車」です。「自然」と関わりのある語はたくさんありますが、5 級レベルでは、ほかに mer「海」や fleur「花」なども覚えておきましょう。

解答　(1) ③　　(2) ②　　(3) ③　　(4) ③

181

仏検公式ガイドブックセレクション 4 級・5 級（2019-2023）

6

　イラストと一致する文を選ぶ問題です。配点 8。
　(1) 〜 (4) のイラストについて、その内容と一致する文を 2 つの選択肢から選んで解答します。

　選択肢には、肯定と否定、近接未来と近接過去などの**対になる表現**のほか、下の例のように、**対義的**な 2 つの動詞、形容詞、副詞（句）、前置詞などをふくむ文が出題されています。

　☆動詞：
　　　commencer「始める」/ finir「終える」（09 春）
　　　fermer「閉める」/ ouvrir「開ける」（22 秋）
　　　acheter「買う」/ vendre「売る」（19 秋、22 春）
　　　se coucher「寝る」/ se lever「起きる」（11 春）
　　　écrire「書く」/ lire「読む」（17 春）
　　　écouter「聞く」/ regarder「見る」（15 秋）
　　　jouer「遊ぶ」/ travailler「勉強する、働く」（14 春）
　　　monter「（乗りものに）乗る」/ descendre「降りる」（15 春、17 秋）
　　　entrer「入る」/ sortir「出る」（16 春、18 春、23 春）
　　　courir「走る」/ marcher「歩く」（20 秋）
　　　chanter「歌う」/ danser「踊る」（21 春）
　　　boire「飲む」/ manger「食べる」（21 秋）

　☆形容詞：
　　　léger（女性形 légère）「軽い」/ lourd「重い」（15 秋、18 春）
　　　fermé「閉まっている」/ ouvert「開いている」（16 春、20 秋）
　　　chaud「暑い」/ froid「寒い」（16 秋）
　　　jeune「若い」/ vieux「年をとった」（16 秋）
　　　court「短い」/ long（女性形 longue）「長い」
　　　　　　　　　　　　　　　　　　　（14 春、17 秋、18 秋、23 春）
　　　difficile「難しい」/ facile「簡単な」（22 秋）

182

筆記試験 6

☆副詞（句）：

    tard「遅く」/ tôt「早く」（07 秋）

    beaucoup「たくさん」/ un peu「少し」（08 秋）

    loin de「〜の遠くに」/ près de「〜の近くに」（15 春、18 秋）

☆前置詞：

    après「〜よりあとに」/ avant「〜より前に」（07 春）

    sous「〜の下に」/ sur「〜の上に」（14 春、16 春）

    derrière「〜のうしろに」/ devant「〜の前に」（16 秋）

☆その他：

    à la campagne「田舎に」/ en ville「都会に」（14 秋）

    à la mer「海に」/ à la montagne「山に」（10 春）

    à pied「歩いて」/ en voiture「車で」（14 秋）

    en été「夏に」/ en hiver「冬に」（21 秋）

練習問題 1

次の (1)〜(4) の絵に対応する文を、それぞれ①、②から選び、解答欄のその番号にマークしてください。

(1)
① Elles sont à la campagne.
② Elles sont en ville.

(2)
① Il est triste.
② Il n'est pas triste.

(3)
① Ils attendent le bus.
② Ils descendent du bus.

(4)
① La fille est derrière sa mère.
② La fille est devant sa mère.

(19 春)

筆記試験 6

解説

(1)　2人の女性が自然のなかを歩いているイラストです。① Elles sont à la campagne. は「彼女たちは田舎にいる」、② Elles sont en ville. は「彼女たちは町に（都会に）いる」です。à la campagne「田舎に」と en ville「町に（都会に）」の対比が焦点になっています。正解は①です。

(2)　男性が手紙を読んで、うれしそうな表情をうかべているイラストです。① Il est triste. は「彼は悲しい」、② Il n'est pas triste. は「彼は悲しくない」です。それぞれ形容詞 triste「悲しい」を用いた肯定文と否定文になっています。正解は②です。

(3)　① Ils attendent le bus. は「彼らはバスを待っている」、② Ils descendent du bus. は「彼らはバスから降りる」です。動詞 attendre「待つ」と descendre「降りる」の意味をしっかり区別してとらえているかがポイントです。正解は①です。なお、乗りものに「乗り込む」ときには、動詞 monter を用います。

(4)　女性の前を女の子が歩いているイラストです。① La fille est derrière sa mère. は「女の子はお母さんのうしろにいる」、② La fille est devant sa mère. は「女の子はお母さんの前にいる」です。場所を表わす前置詞 derrière「～のうしろに」と devant「～の前に」の対比が焦点になっています。正解は②です。

解答　(1) ①　　(2) ②　　(3) ①　　(4) ②

練習問題 2

次の (1) ～ (4) の絵に対応する文を、それぞれ①、②から選び、解答欄のその番号にマークしてください。

(1)
① Elle boit.
② Elle mange.

(2)
① Il pleut.
② Il va pleuvoir.

(3)
① La table est ronde.
② La table n'est pas ronde.

(4)
① Nous sommes en été.
② Nous sommes en hiver.

(21 秋)

筆記試験 6

解説

(1) ペットボトルで何かを飲んでいる女性のイラストです。選択肢の文意は、それぞれ、① Elle boit.「彼女は飲んでいる」、② Elle mange.「彼女は食べている」となります。動詞 boire「飲む」と manger「食べる」の区別がポイントになり、①が正解です。

(2) 選択肢① Il pleut. は「雨が降っている」ですが、② Il va pleuvoir. では〈aller ＋不定詞〉という近接未来の表現が用いられており、「これから雨になる」（今はまだ雨は降っていない）という意味になります。イラストでは雨の中、傘を差して歩いている男性が描かれているので、①が正解です。

(3) 四角いテーブルのイラストです。選択肢は、① La table est ronde. が「テーブルは丸い」という肯定の文、② La table n'est pas ronde. が「テーブルは丸くない」という否定の文ですから、②が正解です。ここでは、「丸い」という意味の形容詞 rond が、主語の女性名詞 table と一致して女性形 ronde で用いられています。

(4) 雪だるまを作って遊んでいる子どもたちのイラストです。選択肢は① Nous sommes en été.「今は夏です」、② Nous sommes en hiver.「今は冬です」となり、en été「夏に」と en hiver「冬に」という2つの表現を区別します。②が正解です。このほか季節を表わすには、秋であれば Nous sommes en automne.、春の場合は Nous sommes au printemps. のように言います。

解答 (1) ① (2) ① (3) ② (4) ②

練習問題 3

次の (1) 〜 (4) の絵に対応する文を、それぞれ①、②から選び、解答欄のその番号にマークしてください。

(1)
① Elle court très vite.
② Elle ne court pas.

(2)
① Il a les cheveux courts.
② Il a les cheveux longs.

(3)
① Ils entrent dans le restaurant.
② Ils sortent du restaurant.

(4)
① Les oiseaux sont sous l'arbre.
② Les oiseaux sont sur l'arbre.

(23 春)

筆記試験 6

解 説

(1) イラストでは女性が松葉杖をついています。選択肢は、① Elle court très vite. が「彼女はとても速く走っています」、② Elle ne court pas. が「彼女は走っていません」ですから、②が正解です。

(2) イラストでは男性の髪が肩にかかっています。選択肢は、それぞれ、① Il a les cheveux courts.「彼は髪が短い」、② Il a les cheveux longs.「彼は髪が長い」という意味になります。court「短い」と long「長い」という、対になる2つの形容詞の意味を区別する問題で、②が正解です。

(3) イラストには男女がレストランから出てくる場面が描かれています。選択肢① Ils entrent dans le restaurant. は「彼らはレストランに入ります」、② Ils sortent du restaurant. は「彼らはレストランから出てきます」という意味ですから、②が正解です。entrer「入る」と sortir「出る」という、対になる2つの動詞の意味を区別する問題ですが、①、②では、2つの動詞がそれぞれ3人称複数の活用形で用いられていることに注意してください。

(4) 木の下に3羽の鳥がいるイラストです。選択肢の文意は、① Les oiseaux sont sous l'arbre. が「鳥たちは木の下にいます」、② Les oiseaux sont sur l'arbre. が「鳥たちは木の上にいます」となり、sur「～の上に」と sous「～の下に」という、対になる2つの前置詞の意味を区別します。①が正解です。

解答　(1) ②　　(2) ②　　(3) ②　　(4) ①

189

7

会話文を読み、空欄に適切な語を選んでおぎなう問題です。配点 8。

この問題では、**会話の流れ**をたどりながら、動詞や前置詞、疑問詞などについて、適切な運用ができるかどうかが問われます。

選択肢は文の一部であることが多く、空欄の前後の部分のつながりに十分注意して、自然な応答を完成させる必要があります。

筆記試験 7

練習問題 1

次の会話を読み、(1)～(4)に入れるのにもっとも適切なものを、それぞれ①～③のなかから1つずつ選び、解答欄のその番号にマークしてください。

Takeshi : Manon, qu'est-ce que tu （ 1 ） ?

Manon : Moi, du vin rouge. Et toi, Takeshi ?

Takeshi : Moi, un jus de tomate.

Manon : （ 2 ） que tu as ? Tu ne bois pas de vin ?

Takeshi : （ 3 ）, je ne peux pas. J'ai mal à la tête.

Manon : （ 4 ）. Je comprends.

(1) ① entends　　　② lis　　　③ prends

(2) ① Comment est-ce　② Pourquoi est-ce　③ Qu'est-ce

(3) ① Non　　　② Oui　　　③ Si

(4) ① C'est gentil　② D'accord　③ De rien

(19 秋)

解説 カフェあるいはレストランでのタケシとマノンの対話です。

(1) Manon, qu'est-ce que tu （ 1 ） ?「マノン、君は何を （ 1 ）」とタケシがマノンに質問をします。選択肢を見ると、① entends (< entendre)「聞こえる」、② lis (< lire)「読む」、③ prends (< prendre)「とる」があります。マノンの返答を見ると、Moi, du vin rouge. Et toi, Takeshi ?「私は赤ワイン。タケシ、あなたは？」となっており、対するタケシは Moi, un jus de tomate.「ぼくはトマトジュース」と答えていますから、飲みものに何を注

191

仏検公式ガイドブックセレクション 4級・5級（2019-2023）

文するかを尋ねていたことがわかります。正解は③ prends です。

⑵　マノンが、（　2　）que tu as ? Tu ne bois pas de vin ?「あなたは（　2　）？ワインを飲まないの？」と尋ねています。選択肢を見ると、① Comment est-ce「どんなふうに〜」、② Pourquoi est-ce「どうして〜」、③ Qu'est-ce「何を〜」の疑問表現が並んでいます。一見② Pourquoi est-ce「どうして〜」があてはまりそうに思えるのですが、その場合 tu as に目的語が欠けてしまうことになり、ここでは意味が通じません。これは① Comment est-ce「どんなふうに〜」の場合でも同様です。したがって動詞 avoir の目的語を尋ねる形の③ Qu'est-ce「何を〜」しか入りません。ここでの Qu'est-ce que tu as ? は「何を持っているの」ではなく「どうしたの」という意味になります。この表現 Qu'est-ce que tu as ? は日常会話でもよく使いますので、ぜひ覚えておきましょう。正解は③ Qu'est-ce です。

⑶　(Qu'est-ce) que tu as ? Tu ne bois pas de vin ?「どうしたの。ワインを飲まないの？」と聞くマノンにタケシは、（　3　), je ne peux pas. J'ai mal à la tête.「（　3　）、飲めないんだ。頭が痛いんだよ」と答えています。まず問いかけが否定疑問であることに注意しましょう。答えの内容が否定文であるときには Non で答え、肯定文である時には Oui ではなく、Si を用います。選択肢を見ると、① Non「うん（飲めないんだ）」、② Oui（否定疑問に対しては使えません）、③ Si「いや（飲めるんだ）」が並んでいますが、つづく文は je ne peux pas. と否定ですから、① Non が適切な答えとなります。Non, je ne peux pas. J'ai mal à la tête.「うん、飲めないんだ。頭が痛いんだよ」です。日本語の「はい／いいえ」とは逆になるわけです。正解は① Non です。

⑷　タケシの (Non), je ne peux pas. J'ai mal à la tête.「うん、飲めないんだ。頭が痛いんだよ」に対し、マノンは、（　4　), Je comprends.「（　4　）、わかるわ（なるほど）」と答えています。（　4　）に入れるべき表現として選択肢には、① C'est gentil「ご親切にありがとう」、② D'accord「わかった／了解」、③ De rien「どういたしまして」が並んでいます。ここでは D'accord「わかった／了解」以外は返答として成立しません。正解は② D'accord です。

解答　⑴ ③　　⑵ ③　　⑶ ①　　⑷ ②

練習問題 2

次の会話を読み、(1)〜(4)に入れるのにもっとも適切なものを、それぞれ①〜③のなかから1つずつ選び、解答欄のその番号にマークしてください。

Lucas : Tu pars (1) en vacances ?
Sarah : À New York.
Lucas : Tu (2) anglais ?
Sarah : Non, pas du tout. Mais ça va. Tu connais Nicole, la femme de mon frère ?
Lucas : Oui. Elle vient du Canada, c'est bien ça ?
Sarah : Non, elle est (3). Et elle va voir ses parents à New York pendant les vacances. Alors, je vais voyager (4) elle.
Lucas : Ah, très bien !

(1) ① comment ② où ③ quand
(2) ① cherches ② donnes ③ parles
(3) ① américaine ② belle ③ malade
(4) ① à ② avec ③ par

(22 秋)

解説 リュカがサラに話しかけています。

(1) Tu pars (1) en vacances ?「君はバカンスに (1) 発つの？」とリュカがサラに尋ねています。動詞 pars の不定詞は partir で、「発つ、出発

仏検公式ガイドブックセレクション 4 級・5 級（2019-2023）

する」の意味です。それに対してサラは、À New York.「ニューヨークに」と、場所を示す前置詞 à のあとに都市名の New York をつけて答えています。

　さて空欄の選択肢には、① comment「どのようにして」、② où「どこに」、③ quand「いつ」の 3 つの疑問詞があります。このなかで、À New York. とつながるのは、場所を尋ねる疑問詞 ② où しかありません。したがって、正解は ② où です。

⑵　Tu（　2　）anglais ?「君は英語を（　2　）？」の空欄に動詞を入れて文を完成させます。ここでは冠詞なしで anglais が置かれています。頭文字を大文字で Anglais と表記すれば、「イギリス人」の意味になりますが、ここでは冠詞がなく、頭文字が小文字で anglais と表記されているため、「英語」だと判断できます。選択肢を見ると、① cherches (< chercher)「さがす」、② donnes (< donner)「あたえる」、③ parles (< parler)「話す」とありますが、anglais「英語」とつながるのは ③ parles (< parler)「話す」しかありません。parler のうしろに冠詞なしで、言語名を表わす名詞があれば、「○○語を話す」という意味になります。たとえば、parler français なら「フランス語を話す」、parler japonais なら「日本語を話す」です。なお、言語名の名詞の前に parler l'anglais、parler le français のように、定冠詞 l'、le をつけても間違いではありませんが、本問のように、この定冠詞はよく省略されます。

　この質問文に対する答えでは、Non, pas du tout. Mais ça va.「いいえ、全然。でもだいじょうぶなの」となっているため、質疑応答が成立していることが確認できます。正解は ③ parles です。

⑶　Non, elle est（　3　）.「いいえ、彼女は（　3　）なの」とサラが答えています。この問題では、会話の流れから答えをみちびかなければなりません。そもそも elle はだれをうけているのでしょうか。会話の 4 行目のサラのせりふ Tu connais Nicole, la femme de mon frère ?「あなたはニコル、（つまり）私の兄（または弟）の奥さんを知っている？」で、ニコルが話題にあがりました。ニコルは女性のファーストネームです。次の文でリュカは、Oui. Elle vient du Canada, c'est bien ça ?「うん。彼女はカナダ出身、だよね？」と答えています。つまりここで話題になっているのは、ニコルの出身国です。選択肢には、① américaine「アメリカ人（女性）の」、② belle「美しい」、③ malade「病気である」と 3 つの形容詞が並んでいますが、どこの国の人かを表わしているのは ① américaine です。また、ほかの選択肢の belle、

194

malade では、文脈からはずれてしまい、あとにもつながっていきません。次には Et elle va voir ses parents à New York pendant les vacances.「それで彼女は、バカンスの間、ニューヨークへ両親に会いに行くの」と述べています。va は動詞 aller「行く」の活用形ですが、ここでは〈aller ＋不定詞〉の形で「〜しに行く」という目的の表現になっています。正解は① américaine です。

⑷　Alors, je vais voyager （　4　） elle.「それで、私は彼女（　4　）旅行するつもりなの」とサラは述べ、それに対してリュカは Ah, très bien !「それはいいね」とコメントをしています。選択肢は、① à「〜に」、② avec「〜といっしょに」、③ par「〜によって」と、すべて前置詞です。① à「〜に」や③ par「〜によって」では適切な対話が成立しません。したがって正解は② avec です。

解答　　(1) ②　　　(2) ③　　　(3) ①　　　(4) ②

仏検公式ガイドブックセレクション4級・5級（2019-2023）

練習問題3

次の会話を読み、(1)～(4)に入れるのにもっとも適切なものを、それ
ぞれ①～③のなかから1つずつ選び、解答欄のその番号にマークしてく
ださい。

Clara : Salut, je （ 1 ） Clara.

Mathis : Moi, c'est Mathis. Salut ! Nous sommes （ 2 ）
la même* classe. Tu es d'où ?

Clara : Je suis de Marseille. Et toi ?

Mathis : Je suis de Paris et （ 3 ）, j'habite à Lyon, pas
loin d'ici.

Clara : Et （ 4 ） tu viens au lycée ?

Mathis : À pied.

Clara : C'est bien, ça ! Moi, je viens à vélo.

* même：同じ

(1) ① cherche   ② m'appelle   ③ trouve

(2) ① avec   ② dans   ③ depuis

(3) ① avant   ② ensemble   ③ maintenant

(4) ① comment   ② où   ③ pourquoi   (23春)

解説 クララとマチスの会話です。

(1) Salut, je （ 1 ） Clara.

クララがマチスに、Salut「こんにちは」と話かけています。これに対し、
マチスが次の文で、Moi, c'est Mathis.「ぼくはマチスだよ」と応じている

196

筆記試験 7

ことから、最初の 2 つの文では、2 人がそれぞれ自己紹介をしていると考えればよいでしょう。

空欄（　1　）に対応する選択肢は、① cherche (< chercher)「さがす」、② m'appelle (< s'appeler)「～という名前である」、③ trouve (< trouver)「見つける」ですから、「自己紹介」という文脈を考えると、（　1　）には、自分の名前を述べる ② m'appelle が該当します。クララは、Salut, je (m'appelle) Clara.「こんにちは、私（の名前）はクララよ」と述べていることになり、② が正解です。

(2)　Nous sommes (　2　) la même classe.

空欄のあとの la même classe は「同じクラス」という意味なので、マチスはつづけて、「ぼくたちは同じクラスだよ」と述べていることになります。選択肢はすべて前置詞で、それぞれ、① avec「～といっしょに」、② dans「～（のなか）に」、③ depuis「～以来」という意味ですから、空欄には、この 3 つのうち、場所を表わす ② dans があてはまります。Nous sommes (dans) la même classe.「ぼくたちは同じクラスにいる」とは、言いかえれば、「ぼくたちは同級生である」という意味です。正解は ② です。

(3)　Je suis de Paris et (　3　), j'habite à Lyon, pas loin d'ici.

マチスはこのあと、Tu es d'où ?「どこから来たの」と、クララに出身地を尋ねています。クララは Je suis de Marseille.「マルセイユよ」と答え、マチスに、Et toi ?「あなたは？」とき返しています。空欄（　3　）をふくむ文は、これに対するマチスの応答です。マチスは、まず Je suis de Paris「パリの出身だよ」と述べたあと、空欄をはさんで、j'habite à Lyon, pas loin d'ici「リヨンの、ここから遠くないところに住んでいる」とつづけています。つまり、マチスは、「出身はパリだけれど、今はリヨンに住んでいる」と述べていることになり、③ maintenant「今は」が正解です。選択肢 ① avant は、「以前は」という意味ですから、j'habite à Lyon「リヨンに住んでいる」という現在形の文とともに用いることはできません。また、② ensemble「いっしょに」では、前後の文意が通じません（マチスは、「だれといっしょに暮らしているか」という話はしていません）。

(4)　Et (　4　) tu viens au lycée ?

クララがマチスに何かを尋ねている文です。クララのこの質問に対し、マ

197

仏検公式ガイドブックセレクション 4 級・5 級（2019-2023）

チスは À pied.「徒歩で」と答えているので、クララは「どうやってリセに通っているの」と尋ねていることがわかります。選択肢の 3 つの疑問副詞、① comment「どのように」、② où「どこに」、③ pourquoi「なぜ」のうち、手段・方法を問う ① comment が正解です。

解答　(1) ②　　(2) ②　　(3) ③　　(4) ①

聞き取り試験 1

聞き取り試験

1

フランス語の質問を聞き、**適切な応答**を選ぶ問題です。配点 10。

　日常的な会話でよく用いられる 5 つの質問に対し、適切な応答を 2 つの選択肢から選んで解答します。
　問題の形式は筆記試験 4 と同じですが、ここでは質問を耳で聞き取り、問われている内容を判断しなければなりません。
　この問題では、とくに以下の点に留意するようにしてください。

❶ フランス語では、**質問の文が肯定か否定か**によって応答の形が変わります。質問とその応答の関係を整理しておきましょう。

　　☆質問が肯定文 → 応答は oui または non

　　Tu as faim ?「お腹がすいてる？」
　　― Oui, j'ai faim. (「すいている」場合)
　　― Non, je n'ai pas faim. (「すいていない」場合)

　　☆質問が否定文 → 応答は si または non

　　Tu n'as pas faim ?「お腹はすいていない？」
　　― Si, j'ai faim. (「すいている」場合)
　　― Non, je n'ai pas faim. (「すいていない」場合)

❷ 質問の文に疑問詞がふくまれている場合は、疑問詞の聞き取りが質問の要点を押さえるポイントになります。筆記試験の 4 で見た疑問詞の用法を、あらためて整理し、頭に入れておきましょう。

199

仏検公式ガイドブックセレクション4級・5級（2019-2023）

練習問題1

・フランス語の文(1)～(5)を、それぞれ3回ずつ聞いてください。
・(1)～(5)の文に対する応答として適切なものを、それぞれ①、②から
　選び、解答欄のその番号にマークしてください。
（メモは自由にとってかまいません）
［音声を聞く順番］　**28** → **29**

(1) ① À l'aéroport.
　　② Vendredi soir.

(2) ① Avec mes parents.
　　② Chez moi.

(3) ① Moi, Bruno.
　　② Moi, je suis français.

(4) ① Non, elle a deux filles.
　　② Oui, un garçon.

(5) ① Non, il est midi.
　　② Oui, il y a du soleil.

（19春）

解説

(**1**)　Tu pars quand ?「いつ出かけるの」

　会話ではよくあることですが、この疑問文では疑問詞 quand「いつ」が文
のうしろに置かれています。この quand [kɑ̃ カン] が聞き取れれば、「時」が
問われていることがわかります。そして動詞 partir の2人称単数の活用形 tu
pars [typaːr テュパール] と合わせて、「いつ出かけるの」という疑問文全体が

200

理解されるでしょう。さて、選択肢を見ると、① À l'aéroport.「空港に」と② Vendredi soir.「金曜の夜」がありますが、正解は② Vendredi soir. です。À l'aéroport. が答えになる疑問文は、Tu pars où ? / Où pars-tu ?「どこに出かけるの」などです。

(2)　Tu vas où ?「どこに行くの」

この疑問文でも、疑問詞 où「どこに」が後置されています。この疑問詞 où [u ウ] が聞き分けられれば、「場所」をきいていることがわかります。Tu vas [tyva テュヴァ] は aller「行く」の 2 人称単数の活用形です。選択肢を見ると、① Avec mes parents.「私の両親といっしょに」と② Chez moi.「私の家に」がありますが、正解は② Chez moi. です。① Avec mes parents. が答えになる疑問文は、Tu vas avec qui ? / Avec qui vas-tu ?「だれといっしょに行くの」などです。

(3)　Je m'appelle Émilie. Et toi ?「私の名前はエミリ。あなたは？」

Je m'appelle ... は自分の名前をいうときの定型表現です。tu の強勢形 toi を用いた Et toi ?「あなたは（君は）？」は、相手の名前をきき返す表現になります。選択肢を見ると、① Moi, Bruno.「ぼくは、ブリュノです」と② Moi, je suis français.「ぼくは、フランス人（男性）です」があります。いずれも je の強勢形 moi「私は（ぼくは）」で始まっていますが、ポイントは名前なのですから、正解は① Moi, Bruno. です。② Moi, je suis français. が答えになる疑問文としては、たとえば、Je suis japonaise, et toi ?「私は日本人（女性）です、君は？」などが考えられます。

(4)　Elle a des enfants ?「彼女には子どもがいますか」

enfant [ɑ̃fɑ̃ アンファン]「子ども」という語は、母音で始まるので、不定冠詞の des [de デ] が前にくると、des enfants [dezɑ̃fɑ̃ デザンファン] とひとつづきに発音される点に注意しましょう。選択肢を見ると、① Non, elle a deux filles.「いいえ、娘さんが 2 人います」と② Oui, un garçon.「はい、男の子が 1 人います」があり、正解は② Oui, un garçon. です。① Non, elle a deux filles. が答えになる疑問文は、たとえば、Elle a des garçons ?「彼女には男のお子さんがいますか」です。garçon は本来「少年」の意味ですが、会話ではしばしば fils「息子」の意味でも使われます。

201

仏検公式ガイドブックセレクション 4 級・5 級 (2019-2023)

⑸　Il fait beau ?「天気はいいですか（晴れていますか）」

　Il fait は、動詞 faire を用いた非人称表現で、天候や寒暖を表わします。選択肢を見ると、① Non, il est midi.「いいえ、正午です」と ② Oui, il y a du soleil.「はい、晴れています」がありますが、正解は ② Oui, il y a du soleil. です。この場合、du soleil の du は部分冠詞で、太陽の光を指しています。Il y a du soleil「晴れている（← 陽光がある）」は、日常よく用いられる表現ですので、覚えておきましょう。

解答　(1) ②　　(2) ②　　(3) ①　　(4) ②　　(5) ②

202

聞き取り試験 1

練習問題 2

・フランス語の文(1)〜(5)を、それぞれ3回ずつ聞いてください。
・(1)〜(5)の文に対する応答として適切なものを、それぞれ①、②から
選び、解答欄のその番号にマークしてください。
（メモは自由にとってかまいません）
［音声を聞く順番］　**30** → **31**

(1) ① À midi.

　　② Cinq ans.

(2) ① Au revoir.

　　② Avec plaisir.

(3) ① C'est ma mère.

　　② C'est un gâteau japonais.

(4) ① Ma sœur.

　　② Ma voiture.

(5) ① Oui, beaucoup.

　　② Oui, c'est à toi.　　　　　　　　　　　　　　（19 秋）

解説

(1) Elle a quel âge ?「彼女は何歳なの」

ポイントになるのは quel âge [kɛlɑːʒ ケラージュ] です。この表現が聞き取
れれば、「何歳」が問われていることがわかります。選択肢を見ると、① À
midi.「正午に」と ② Cinq ans.「5歳」があり、正解はもちろん ② Cinq ans.
です。① À midi. が答えになる疑問文は、たとえば Tu viens quand ?「いつ

203

仏検公式ガイドブックセレクション4級・5級（2019-2023）

来るの」などです。

⑵　Tu veux de l'eau ?「お水はいかが」

　この疑問文では、de l'eau [dəlo ドゥロ] すなわち「お水」が聞き取れるか
どうかがポイントです。文中で名詞はほとんどの場合、冠詞をともなって出
てきます。覚える際にも冠詞をつけた状態で覚えてください。Tu veux [ty
vø テュヴ] は vouloir「〜が欲しい、〜したい」の2人称単数の活用形です。
選択肢を見ると、① Au revoir.「さようなら」と② Avec plaisir.「喜んで（い
ただきます）」がありますが、正解は② Avec plaisir. です。

⑶　Qu'est-ce que c'est ?「これは何ですか」

　Qu'est-ce que c'est ? [kɛskəsɛ ケスクセ] は何であるかわからないものを尋
ねる時の定型表現です。選択肢を見ると、① C'est ma mère.「こちらは私の
母です」と② C'est un gâteau japonais.「これは日本のお菓子です」があり
ます。あくまで「もの」を尋ねる表現ですから、正解は② C'est un gâteau
japonais. です。① C'est ma mère. が答えになる疑問文は、人を尋ねる疑問
詞 Qui を使って、Qui est-ce ?「こちらはどなたですか」などが考えられます。

⑷　Tu voyages avec qui ?「君はだれと旅行するの」

　選択肢を見ると、① Ma sœur.「姉（妹）です」と② Ma voiture.「私の車
です」があります。avec qui「だれと」と尋ねているのですから、当然正解
は① Ma sœur. です。人を尋ねる疑問詞 qui は、前置詞をともなうことがあ
ります。このような表現も覚えておきましょう。

⑸　Vous avez faim ?「お腹はすいていますか」

　avoir faim は、「空腹である」を意味します。選択肢を見ると、① Oui,
beaucoup.「はい、とても」と② Oui, c'est à toi.「うん、これは君のだよ」
があり、②では意味が通じませんので、正解は① Oui, beaucoup. となります。
avoir を用いた表現は他に、avoir soif「のどが渇いている」、avoir chaud「暑
い」、avoir froid「寒い」、avoir mal à ...「〜が痛い」などいろいろとあります。
会話でもよく使われますので、確認しておきましょう。

解答　⑴ ②　　⑵ ②　　⑶ ②　　⑷ ①　　⑸ ①

204

聞き取り試験 1

練習問題3

・フランス語の文(1)〜(5)を、それぞれ3回ずつ聞いてください。
・(1)〜(5)の文に対する応答として適切なものを、それぞれ①、②から
選び、解答欄のその番号にマークしてください。
（メモは自由にとってかまいません）
［音声を聞く順番］　**㉜ → ㉝**

(1) ① Elle n'est pas grande.
　　② Elle s'appelle Marie.

(2) ① Il est tard.
　　② Il fait beau.

(3) ① Mes cheveux.
　　② Mes sœurs.

(4) ① Oui, j'ai très soif.
　　② Si, souvent.

(5) ① Parce que c'est mon livre.
　　② Pour regarder la télé.

(21 春)

解説

(1) Madame Legrand, elle est comment ?「ルグランさんは、どんな人です
か」

　まず Madame　Legrand [madamləgrɑ̃ マダムルグらン] という人物の名前と、
それにつづく elle est [ɛlɛ エレ] を確実に聞き取りましょう。この文では、最
後に置かれた疑問詞 comment [kɔmɑ̃ コマン] によって、ルグランさんが「ど

205

のような（ようすの）人なのか」を尋ねていることになります。

　正解は、① Elle n'est pas grande.「彼女は背が高くありません」で、②
Elle s'appelle Marie.「彼女の名前はマリです」ではこの質問に対する応
答にはなりません（名前を尋ねるのであれば、質問は Elle s'appelle
comment ? になるはずです）。Legrand という名前に反して、本人は grande
ではないという少しユーモラスなやりとりです。

⑵　Quel temps fait-il ?「どんな天気ですか」

　疑問詞 quel をふくむ、文頭の Quel temps [kɛltɑ̃ ケルタン] の聞き取りがポ
イントです。この場合の temps は「時間」ではなく「天気」を指している
こと、さらに fait-il が、動詞と主語の間でひとつづきに [fɛtil フェティル] と
発音されている点にも注意してください。この Quel temps fait-il ? は、天
気を尋ねる場合の決まった言い方として、口に出して唱え、覚えてしまうと
よいでしょう。

　選択肢は① Il est tard.「（時刻について）遅い時間です」、② Il fait beau.「天
気がよい」ですから、②が正解です。

⑶　Qui vient ce soir ?「今夜はだれが来るの」

　この文では、冒頭の疑問詞 Qui [ki]「だれが」が文の主語として用いられ
ています。選択肢は① Mes cheveux.「私の髪」、② Mes sœurs.「私の姉妹た
ち」ですから、②が正解です。

⑷　Vous voulez de l'eau ?「水はいかがですか（あなたは水が欲しいです
か）」

　質問の文は、疑問詞をともなわない肯定の疑問文なので、oui または non
で答えることになります。① Oui, j'ai très soif.「はい、とてものどが渇いて
います」が正解です。② Si, souvent. は「はい、しばしば（水が欲しいこと
がある）」という意味にも取れそうですが、si は「否定の疑問文に対して肯
定文で答える」場合に用いる形ですから、問題文のような肯定の疑問文に対
して用いることはできません。Tu n'aimes pas le vin ?「ワインは嫌いです
か」― Si, j'aime bien ça.「いいえ、好きですよ」（『仏検公式基本語辞典』
si）などの例があげられます。

⑸　Pourquoi tu rentres ?「なぜ帰るの」

　疑問詞 Pourquoi [purkwa プるクワ] を用い、相手が帰る「理由」を尋ねて

聞き取り試験 <u>1</u>

いる文です。選択肢は、① Parce que c'est mon livre.「なぜならそれは私の本だから」、② Pour regarder la télé.「テレビを見るためだよ」です。①の parce que「なぜなら」は、たしかに理由を説明する場合の定型表現ですが c'est mon livre.「私の本だから」では意味が通りません。正解は、② Pour regarder la télé.「テレビを見るためだよ」で、この文では〈pour ＋不定詞〉の形で、家に帰る「目的」を説明していると考えればよいでしょう。ちなみにこの質問のように、会話では疑問詞 pourquoi のあとで、主語と動詞の倒置をしないことがよくあります。

解答　(1) ①　　(2) ②　　(3) ②　　(4) ①　　(5) ②

仏検公式ガイドブックセレクション4級・5級（2019-2023）

2

数を聞き取る問題です。配点10。

フランス語の文(1)〜(5)について、それぞれの文にふくまれる数を聞き取ります。5級では1〜20までの数が出題されます。

出題の対象となる**1〜20**までの数と、発音に関して注意すべき点を確認しておきましょう。

　1　un、une [œ̃ アン / yn ユヌ]（近年では [ɛ̃] と発音されることも多い）
　2　deux [dø ドゥ]
　3　trois [trwɑ トろワ]
　4　quatre [katr カトる]
　5　cinq [sɛ̃k サンク]（子音・有音の h の前では [sɛ̃ サン] となることもある）
　6　six [sis スィス]（子音・有音の h の前では [si スィ]）
　7　sept [sɛt セット]
　8　huit [ɥit ユイット]（子音・有音の h の前では [ɥi ユイ]）
　9　neuf [nœf ヌフ]（neuf ans、neuf heures の場合のみ [nœv ヌヴ]）
　10　dix [dis ディス]（子音・有音の h の前では [di ディ]）
　11　onze [ɔ̃ːz オーンズ]
　12　douze [duːz ドゥーズ]
　13　treize [trɛːz トれーズ]
　14　quatorze [katɔrz カトるズ]
　15　quinze [kɛ̃ːz カーンズ]
　16　seize [sɛːz セーズ]
　17　dix-sept [di(s)sɛt ディ(ス)セット]
　18　dix-huit [dizɥit ディズユイット]
　19　dix-neuf [diznœf ディズヌフ]
　20　vingt [vɛ̃ ヴァン]

　実際の文中では、たとえば10であれば、次のように3通りの発音があることになります。

208

聞き取り試験 2

・語のあとに置かれる場合：[dis ディス]
　　chambre dix [ʃɑ̃:brdis シャンブるディス]「10 号室」

・子音・有音の h の前：[di ディ]
　　dix jours [diʒu:r ディジュール]「10 日」

・母音・無音の h の前：[diz ディズ]
　　dix ans [dizɑ̃ ディザン]「10 年」

　このあとの練習問題で、リエゾンやアンシェヌマンなど、さまざまなケースに耳を慣らすようにしてください。自分で発音して練習するのが効果的です。

仏検公式ガイドブックセレクション4級・5級（2019-2023）

練習問題 1

- フランス語の文(1)〜(5)を、それぞれ3回ずつ聞いてください。
- どの文にもかならず数が含まれています。例にならって、その数を解答欄にマークしてください。
  （メモは自由にとってかまいません）
  [音声を聞く順番] ㉞ → ㉟

  (例)
  - 「7」と解答したい場合には、

  とマークしてください。

  - 「15」と解答したい場合には、

  とマークしてください。

(1)
(2)
(3)
(4)
(5)

(19 秋)

解説

(1) Ça coûte quinze euros.「値段は 15 ユーロです」

　正解は 15 です。quinze は [kɛ̃:z カーンズ] と発音します。つぎに母音で始まる euros [øro ゥろ] がくるので、quinze の語末の音 [z ズ] と euros の語頭の母音をひとつづきで発音します。quinze euros は [kɛ̃:zøro カーンズろ] と発音されています。

聞き取り試験 2

(2) Deux places pour demain, s'il vous plaît.「あしたの公演分を 2 席、お願いします」

　正解は 02 です。劇場の公演などの席を予約する際の表現です。deux と places はリエゾンもアンシェヌマンもしませんので、deux [dø ドゥ] を聞き取りましょう。

(3) Il est déjà six heures.「もう 6 時です」

　正解は 06 です。six は単独では [sis スィス] と発音されます。six の語末の [s] とつづく heures [œːr ゥーる] をつなげて読む際、語末の [s] は母音（ここでは一方は無音の h）にはさまれることで、発音が [z] となり、[sizœːr スィズーる] となります。「〜時」を表わす heure(s) は無音の h で始まるため、かならず数字とつなげて読むことになります。注意しましょう。

(4) Ils ont sept enfants.「彼らには子どもが 7 人います」

　正解は 07 です。sept は [sɛt セット] と発音します。続く語 enfants「子どもたち」は母音で始まっていますから、sept enfants は [sɛtɑ̃fɑ̃ セタンファン] となります。

(5) Où est la salle quatorze ?「14 号室はどこですか」

　正解は 14 です。quatorze は [katɔrz カトるズ] と発音します。この文では quatorze のあとには何も語がありませんので、数字を聞き取るだけです。

| 解答 | (1) 15 | (2) 02 | (3) 06 | (4) 07 | (5) 14 |

211

練習問題 2

- フランス語の文(1)〜(5)を、それぞれ3回ずつ聞いてください。
- どの文にもかならず数が含まれています。例にならって、その数を解答欄にマークしてください。

（メモは自由にとってかまいません）

［音声を聞く順番］　㊱ → ㊲

（例）
- 「7」と解答したい場合には、

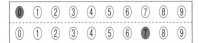

とマークしてください。

- 「15」と解答したい場合には、

とマークしてください。

(1)
(2)
(3)
(4)
(5)

(21 春)

解説

(1) Le musée ouvre à dix heures.「その美術館（博物館）は10時に開館します」

　正解は10です。dix は [dis] と発音されます。この文では、無音の h で始まる heures「〜時」があとにつづくため、[diz ディズ] と発音が変わり、ひと

聞き取り試験 2

つづきに dix heures [dizœːr ディズーる] と発音されます。

⑵　Je vais visiter cinq pays pendant les vacances.「バカンスの間、5ヵ国を訪れます」

　　正解は 05 です。cinq の発音は [sɛ̃k サンク] で、「5ヵ国」は [sɛ̃kpei サンクペイ] と発音されています。

⑶　Ça coûte dix-sept euros.「値段は 17 ユーロです」

　　正解は 17 です。dix-sept の発音は [disɛt ディセット] です。dix-sept euros は、ここでは [disɛt øro ディセット　ウろ] と、数詞 dix-sept と単位 euros の間にややポーズをおいて明確に発音されています。ひとつづきに発音すれば、[disɛtøro ディセットゥろ] となります。

⑷　Mon fils a treize ans.「私の息子は 13 歳です」

　　正解は 13 です。treize は [trɛːz トれーズ] と発音します。問題文では母音で始まる ans [ɑ̃ アン]「〜歳」がつづくため、treize ans はひとまとまりに [trɛːzɑ̃ トれーザン] と発音されます。fils「息子」の発音 [fis フィス] にも気をつけましょう。

⑸　Nous avons une fille.「私たちには娘が 1 人います」

　　正解は 01 です。フランス語の不定冠詞 un、une は、この問題のように数詞としても用いられます。ここでは fille [fij フィユ]「娘」が女性名詞なので、女性形の une [yn ユヌ] が使われているのがポイントです。

解答　⑴ 10　　⑵ 05　　⑶ 17　　⑷ 13　　⑸ 01

213

練習問題 3

・フランス語の文(1)〜(5)を、それぞれ 3 回ずつ聞いてください。
・どの文にもかならず数が含まれています。例にならって、その数を解答欄にマークしてください。
（メモは自由にとってかまいません）

［音声を聞く順番］ ㊳ → ㊴

（例）
・「7」と解答したい場合には、

とマークしてください。

・「15」と解答したい場合には、

とマークしてください。

(1)
(2)
(3)
(4)
(5)

(23 秋)

解説

(1) Vous êtes libre le onze ?「11 日はお暇ですか」

正解は 11 です。onze は [ɔ̃:z オーンズ] と発音します。数詞 onze は、ここでは定冠詞 le をともない、〈le + 数詞〉の形で日付を示す意味で用いられています。この場合、l'onze のように母音字の省略をしないことに注意してく

聞き取り試験 2

ださい。onze の前ではエリジヨンもリエゾンもおこなわないのが原則です。Elle part le onze.「彼女は 11 日に出発する」(『仏検公式基本語辞典』 **onze**)といった例も参考になります。

(2) Elle achète trois roses.「彼女はバラを 3 本買う」

正解は 03 です。trois は [trwɑ トロワ] と発音します。この文では、数詞 trois につづく語が子音で始まる roses [roːz ローズ] ですから、母音字または無音の h で始まる名詞がつづくときのような数詞 trois の音の変化はありません。

(3) Le musée ferme à dix-neuf heures.「美術館は 19 時に閉まります」

正解は 19 です。dix-neuf は単独では [diznœf ディズヌフ] と発音します。ここでは、無音の h で始まる heures [œːr ウール]「～時」があとにつづくため、neuf の発音が [nœf ヌフ] から [nœv ヌヴ] に変わり、dix-neuf heures「19 時」の部分がひとまとまりに [diznœvœːr ディズヌヴール] と発音されることになります。neuf [nœf ヌフ] は heures と ans の前では音が変わり、[nœv ヌヴ] となる点に注意が必要です。

(4) J'ai deux questions.「2 つ質問があります」

正解は 02 です。deux は [dø ドゥ] と発音します。この文でも、数詞 deux につづく語が子音で始まる questions ですから、deux の音の変化はありません。

(5) Il y a vingt étudiants dans la salle.「その部屋には 20 人の学生がいます」

正解は 20 です。vingt の発音は [vɛ̃ ヴァン] です。問題文では、母音で始まる étudiants [etydjɑ̃ エテュディヤン]「学生」があとにつづいていますが、付属の音声では、vingt と étudiants の間にややポーズを置き、2 つの語が別々に発音されています。ひとつづきに発音すれば、[vɛ̃tetydjɑ̃ ヴァンテテュディヤン] となります。

解答 (1) 11 (2) 03 (3) 19 (4) 02 (5) 20

215

仏検公式ガイドブックセレクション4級・5級（2019-2023）

3

　フランス語の文を聞いて、その内容に対応するイラストを選ぶ問題です。
配点10。
　⑴〜⑸の文を聞き取り、それぞれの文を用いる状況としてもっともふさ
わしい場面を5つのイラストから選んで解答します。
　出題される文は、あいさつや天候に関する表現、〈avoir ＋名詞〉の慣用句
など、**日常的な場面で用いられる表現で、2〜3語からなる短いもの**が中心
です。以下、最近の出題からおもなものをあげておきます（2014年度以降）。

　☆あいさつなど、動詞を省略した表現：

　　Bonne nuit !「おやすみ」（15春、18春）
　　Bon voyage !「よい旅を」（14春、17春）
　　Bonnes vacances !「よいバカンスを」（19春）
　　À bientôt.「また近いうちに」（14秋、17秋）
　　À demain.「またあした」（15秋）
　　Au revoir !「さようなら」（16春）
　　Salut !「やあ」「じゃあまた」（16秋）
　　À table !「食卓にどうぞ（ごはんですよ）」（19秋）
　　Attention !「気をつけて」（16秋、20秋）
　　Pardon, madame !「ちょっとすみません」（20秋）

　☆〈avoir ＋名詞〉：

　　J'ai sommeil.「眠い」（15秋、18秋）
　　J'ai soif !「のどが渇いたわ」（14春）
　　J'ai très faim !「とてもお腹がすいた」（16春）

　☆天候・気候に関するもの：

　　Il fait mauvais aujourd'hui.「きょうは天気が悪い」（16春）
　　Il fait froid !「寒い」（19秋）
　　Il fait beau !「いいお天気だ」（20秋）

聞き取り試験 ③

☆その他：

C'est très bon !「とてもおいしい」(17 秋)

C'est pour toi.（プレゼントについて）「あなたによ」(15 春、17 春、20 秋)

C'est difficile.（本を読みながら）「むずかしい」(14 秋)

Ce n'est pas bon.「おいしくないな」(14 秋)

Il n'y a rien.（冷蔵庫を開けて）「何も入ってない」(14 秋)

C'est gentil.（プレゼントをもらって）「ありがとう」(15 春)

Asseyez-vous.「おかけください」(15 春)

Ça ne va pas ?「具合が悪いんですか」(18 春)

Il y a quelqu'un ici ?「ここにだれかいますか」(16 春)

Vous avez une chambre ?「お部屋はありますか」(16 春、18 秋)

Vous allez tout droit.「まっすぐ行ってください」(19 春)

217

練習問題 1

・フランス語の文 (1)〜(5) を、それぞれ 3 回ずつ聞いてください。
・それぞれの文にもっともふさわしい絵を、下の ①〜⑤ のなかから 1 つずつ選び、解答欄のその番号にマークしてください。ただし、同じものを複数回用いることはできません。
（メモは自由にとってかまいません）
［音声を聞く順番］　❹⓪ → ❹①

(1)
(2)
(3)
(4)
(5)

① 　② 　③

④ 　⑤

(20 秋)

聞き取り試験 3

解説

(1) Attention !「気をつけて」

　横断歩道を走って渡ろうとしている子どもに女性が手を上げて何か言っている⑤のイラストが正解です。Attention ! は、Fais attention !「注意して」から動詞の fais (< faire) をとった形です。faire attention「注意する」の表現も合わせて覚えておきましょう。たとえば Faites attention aux voitures.「自動車に気をつけなさい」(『仏検公式基本語辞典』**attention**) などのように使われます。

(2) Bon voyage !「よい旅行を」

　列車が止まっているプラットフォームで、スーツケースをもった 2 人の若い女性にもうひとりの女性が手を上げて何かを言っている④のイラストが正解です。形容詞 Bon(ne)(s) をともなう定型表現は、ほかにも Bonne année !「新年おめでとう」、Bonne nuit !「おやすみなさい」、Bonnes vacances !「よい休暇を」、Bon week-end !「よい週末を」など、数多くあります。

(3) C'est pour toi.「これ、あなたにです」

　女性が男性にプレゼントのようなものを手渡している①のイラストが正解です。ここで用いられている前置詞 pour は「〜への」という意味で、対象への方向性を表わしています。

(4) Il fait beau !「いいお天気だ」

　カーテンを開け、窓から太陽をながめている女性のイラスト②が正解です。〈非人称主語 il + fait (< faire) +形容詞〉で、天候や寒暖を表わす表現です。天気がよい場合は、このように形容詞 beau を使います。「悪い」ときは mauvais、「暑い」ときは chaud になります。

(5) Pardon, madame !「ちょっとすみません」

　停留所で女性がもうひとりの女性に地図のようなものを見せて、何かを言っている③のイラストが正解です。Pardon, madame ! は相手に対して軽く謝るときにも用いますが、この場合は、「あの、ちょっと」という相手の注意を引く表現として使われています。

解答　(1) ⑤　　(2) ④　　(3) ①　　(4) ②　　(5) ③

219

練習問題 2

- フランス語の文 (1) ～ (5) を、それぞれ 3 回ずつ聞いてください。
- それぞれの文にもっともふさわしい絵を、下の ① ～ ⑤ のなかから 1 つずつ選び、解答欄のその番号にマークしてください。ただし、同じものを複数回用いることはできません。
  （メモは自由にとってかまいません）

［音声を聞く順番］ ㊷ → ㊸

(1)
(2)
(3)
(4)
(5)

①  ②  ③

④  ⑤

(21 秋)

聞き取り試験 3

解説

(1) Il fait chaud !「暑い」

　カンカン照りのなか、男性と女性が汗を拭いている④のイラストが正解です。なお、問題文は非人称主語の il を用いて「天候」を示す言い方ですが、天気ではなく、自分が「暑いと思う、暑さを感じる」と述べるのであれば avoir chaud を使います（Tu as chaud ?「暑いですか」『仏検公式基本語辞典』**chaud**）。「寒い」の場合も同様で、天候なら Il fait froid.、「自分が寒い」のであれば J'ai froid. となります。

(2) Deux places, s'il vous plaît.「（座席について）チケットを2枚お願いします」

　この場合の place は「広場」ではなく、乗りものや劇場などの「座席」を意味します。窓口で2人連れの男女が席を購入している⑤のイラストが正解です。

(3) Salut !「やあ」

　女性と男性が手を上げてあいさつを交わしている①のイラストが正解です。Salut ! [saly サリュ] は親しい間柄の人に対して、会ったときにも別れるときにも、昼でも夜でも使える便利な言い方です。

(4) Ce n'est pas cher.「安いわね」

　レストランのテーブルで女性が勘定書きを見てニコニコしている③のイラストが正解です。形容詞 cher [ʃɛːr シェール]「（値段が）高い」と、ne...pas という否定の表現が聞き取れるかどうかがポイントです。フランス語では値段について「安い」と述べる1語の形容詞がなく、この問題の pas cher のように cher を否定で用います。

(5) Qu'est-ce que tu as ?「どうしたの」

　ベンチで具合が悪そうにしている男性に、女性が心配して声をかけている②のイラストが正解です。同じ状況で、Ça ne va pas ?「具合が悪い？」と尋ねることもできます。

解答　　(1) ④　　(2) ⑤　　(3) ①　　(4) ③　　(5) ②

練習問題 3

- フランス語の文 (1)〜(5) を、それぞれ 3 回ずつ聞いてください。
- それぞれの文にもっともふさわしい絵を、下の ①〜⑤ のなかから 1 つずつ選び、解答欄のその番号にマークしてください。ただし、同じものを複数回用いることはできません。
（メモは自由にとってかまいません）

［音声を聞く順番］ ㊹ → ㊺

(1)
(2)
(3)
(4)
(5)

①
②
③
④
⑤

(22 春)

聞き取り試験 ③

解 説

(1) Asseyez-vous.「おすわりください」

いすの横にいる男性に向かって女性が話しかけている②のイラストが正解です。Asseyez-vous. は代名動詞 s'asseoir「すわる」の vous に対する命令形ですが、これはひとつの表現として覚えておきましょう。

(2) Bon après-midi !「さようなら（よい午後を）」

ひとりの女性が、もうひとりの女性に手をあげて何かを言っている④のイラストが正解です。 練習問題1 (2)にもある通り、形容詞 Bon(ne)(s) をともなう定型表現は、ほかにも Bonne année !「新年おめでとう」、Bonne soirée !「さようなら（楽しい夕べを）」、Bonne nuit !「おやすみなさい」、Bonnes vacances !「よい休暇を」、Bon week-end !「よい週末を」など、数多くあります。

(3) C'est très gentil.「ご親切に、ありがとうございます」

男性が女性に花束を手渡している⑤のイラストが正解です。この文の主語 ce (← c') は、相手の行為（この場合は花束を贈ること）を指す指示代名詞です。したがって、補語となる形容詞 gentil は性数の一致をしません。いっぽう、主語に vous や tu などの人称代名詞を用いると性数の一致が生じることになります。たとえば、相手がひとりの女性であれば、Vous êtes très gentille.「あなたはとても親切ですね」、複数の男性、もしくは男女が混じった複数の相手であれば、Vous êtes très gentils.「あなた方はとても親切ですね」のようになります。

(4) Il fait mauvais.「ひどい天気だ」

雨のなか、傘をさして歩いている女性のイラスト③が正解です。〈非人称主語 il + fait (< faire) + 形容詞〉で、天候や寒暖を表わす表現です。天気が悪い場合は、このように形容詞 mauvais を使います。 練習問題1 (4)、 練習問題2 (1)で見たように、「よい」ときは beau、「暑い」ときは chaud、「寒い」ときには froid などとします。

(5) Tu as sommeil ?「眠いの？」

あくびをしている男の子に、女性が何かを言っている①のイラストが正解です。avoir sommeil は「眠気をもつ → 眠い」という意味になります。ほかにも、〈avoir + 無冠詞名詞〉でさまざまな定型表現が作られます。avoir

223

仏検公式ガイドブックセレクション 4 級・5 級（2019-2023）

faim「空腹である」、avoir soif「のどが渇いている」、avoir chaud「（からだが）暑い」、avoir froid「寒い、寒気がする」などは覚えておきたい表現です。

解答　(1) ②　　(2) ④　　(3) ⑤　　(4) ③　　(5) ①

4

　フランス語の文を聞き、**肯定・否定、単数・複数、男性・女性の別を聞き分ける**問題です。(1)〜(5) の文の内容に合うイラストをそれぞれ 2 つの選択肢から選んで解答します。配点 10。

　一般に名詞の単数・複数、男性・女性を耳で聞いて区別するには、冠詞や所有形容詞、指示形容詞などの形と音のちがいが手がかりになります。では、代名詞の場合はどうでしょうか。

　たとえば 3 人称の代名詞は、il と ils、elle と elles の音が同じで、それだけではどちらなのかを聞き分けることはできませんが、

　　il **est** / ils **sont**
　　elle **va** / elles **vont**

のように、動詞の形と音のちがいに注目すれば、単数と複数を区別することができます。

　また 1 人称の代名詞 je、nous も、単独では男女の別を示しませんが、

　　Je suis **japonais**. / Je suis **japonaise**.
　　Nous sommes **heureux**. / Nous sommes **heureuses**.

のように、形容詞の語尾がことなれば、男性か女性かを耳で聞いて区別することができます（ただし、nous や vous については、男女が混じっている場合も文法上は男性として扱われるので注意してください）。

　この問題では、冠詞や所有形容詞、指示形容詞のほか、上に見た動詞や形容詞の（語尾の）音を手がかりに、性・数の区別をすることがもとめられます（ここで言う男女の区別は、もちろん文法的な規則にもとづいておこなわなければならず、実際に聞こえてくる声が男性のものかそれとも女性のものかは、それ自体は判断の材料にはなりません）。

仏検公式ガイドブックセレクション 4 級・5 級（2019-2023）

練習問題 1

・フランス語の文 (1) 〜 (5) を、それぞれ 3 回ずつ聞いてください。
・(1) 〜 (5) の文にふさわしい絵を、それぞれ①、②から選び、解答欄のその番号にマークしてください。
（メモは自由にとってかまいません）

［音声を聞く順番］　㊻ → ㊼

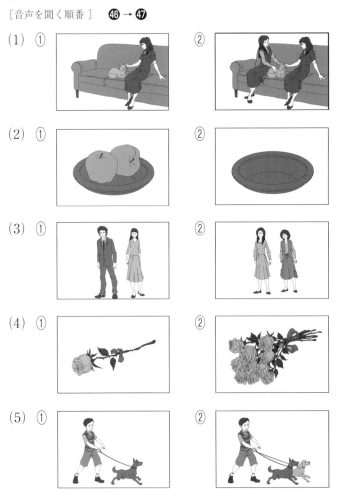

(21 春)

聞き取り試験 [4]

解説

(1) Elles ont un chat.「彼女たちは猫を1匹飼っている」

　イラスト①では1人の女性、②では2人の女性が猫をなでています。動詞 avoir の活用形を手がかりに、女性が単数か複数かを区別する問題です。女性が1人であれば Elle a [ɛla エ ラ]、2人の場合は Elles ont [ɛlzɔ̃ エルゾン] となり、問題文の発音は後者ですから、②が正解です。

(2) Il n'y a plus de pommes.「りんごはもうありません」

　イラスト①ではりんごが2つ、②では何も入っていない器が描かれています。りんごが複数あるのか、ゼロなのかを判断する問題です。読まれる文は、il y a... [ilja イリヤ]「～がある」という非人称の表現と、ne...plus [nə ply ヌ プリュ]「もう～ない」という否定の言い方を組み合わせたもので、「りんごはもうありません」という意味ですから、②が正解です。なお、この文で pommes「りんご」の前に置かれている de は、複数名詞につく不定冠詞 des が否定文で de にかわったものです。数や量が「ゼロ」であることを示す記号と考えればよく、この de の聞き取りも、この問題の解答の手がかりの1つになります。

(3) Voilà mes étudiantes.「こちらが私の学生たちです」

　イラスト①には男女が1人ずつ、②では2人の女性が描かれています。複数の場合、男性だけ、あるいは男女が混じっていれば男性形の étudiants [etydjɑ̃ エテュディアン]、女性だけなら女性形の étudiantes [etydjɑ̃t エテュディアントゥ] を用いることになり、語尾の音でどちらなのかを判断します。ここでは mes étudiantes [mezetydjɑ̃t メゼテュディアントゥ] と発音されているので、②が正解です。

(4) Merci pour la fleur !「お花をありがとう」

　イラスト①には1輪の花、②には花束が描かれています。fleur(s) [flœr フルる]「花」が単数なのか、それとも複数なのかを、定冠詞の音を手がかりに聞き分けます。fleur(s) は女性名詞ですから、単数であれば la [la ラ]、複数であれば les [le レ] が使われるはずですが、ここでは前者なので、①が正解です。

(5) Il se promène avec ses chiens.「彼は犬を連れて散歩しています」

　イラスト①では男の子が1匹の犬、②では2匹の犬を連れています。この

227

仏検公式ガイドブックセレクション 4 級・5 級（2019-2023）

問題では、名詞 chien(s) [ʃjɛ̃ シャン] の前に置かれた所有形容詞の音を聞き取り、犬が単数か複数かを判断することになります。chien は男性名詞なので、単数であれば son [sɔ̃ ソン]、複数であれば ses [se セ] が使われます。ここでは ses chiens [seʃjɛ̃ セシヤン] と発音されていますから、②が正解です。

解答　(1) ②　　(2) ②　　(3) ②　　(4) ①　　(5) ②

練習問題 2

- フランス語の文 (1) 〜 (5) を、それぞれ 3 回ずつ聞いてください。
- (1) 〜 (5) の文にふさわしい絵を、それぞれ ①、② から選び、解答欄のその番号にマークしてください。
  （メモは自由にとってかまいません）

［音声を聞く順番］

(1) ①　②

(2) ①　②

(3) ①　②

(4) ①　②

(5) ①　②

（22 秋）

仏検公式ガイドブックセレクション 4 級・5 級（2019-2023）

解 説

(1) Elles achètent des fleurs.「彼女たちは花を買っています」

　イラスト①には女性が 1 人、イラスト②には女性が 2 人描かれています。ポイントは、読まれる設問文を聞いて主語が単数か複数かを判断することにあります。さて、3 人称単数の主語 elle と 3 人称複数の主語 elles の発音はいずれも [ɛl エル] で同じです。次にくる動詞の不定詞は acheter [aʃte アシュテ]「買う」です。その活用形は、主語が 3 人称単数の elle なら achète に、主語が 3 人称複数の elles なら achètent になりますが、発音はいずれも [aʃɛt アシェット] です。しかしながら、この動詞は母音で始まっているので、主語の elle、elles とつながって発音されます。注意しましょう。主語が単数の elle のときは、次の achète とひとつづきに、elle　achète [ɛlaʃɛt エラシェット] と発音します。一方、主語が複数の elles のときは、elles の発音されない語尾 s が、次に母音で始まる achètent とつながって [z ズ] という音になり、ひと息に elles achètent [ɛlzaʃɛt エルザシェット] と発音します。録音の音声では elles achètent [ɛlzaʃɛt エルザシェット] と発音されているので、正解は②です。

(2) Le chat est sur la table.「猫がテーブルの上にいます」

　両方のイラストに猫が 1 匹描かれていますが、イラスト①ではテーブルの下に、イラスト②では、テーブルの上に描かれています。ポイントは、読まれる設問文を聞いて、猫がいるのがテーブルの上か、下かを判断することにあります。録音では sur la table [syrlatabl スュるラタブル] と発音されています。前置詞 sur は「〜の上に」という意味ですので、イラスト②が正解です。

　なお、「〜の下に」を意味する前置詞は sous [su スー] です。音声で sur と sous を判別するのはけっして容易ではありません。聞き取りの練習を繰り返して慣れていきましょう。自分で発音してみるのも大切です。唇を丸めて、口を前につきだします。そのうえで sur のときは、舌の先が下前歯の裏にあります。sous のときは思い切り舌をひっこめます。

(3) C'est une bonne élève.「よい女子生徒です」

　イラスト①では女の子 1 人が、イラスト②では男の子 1 人が描かれています。この場合、主語を説明する補語 une bonne élève の名詞 élève「生徒」は、男性も女性も指すため、その前についている不定冠詞と形容詞の形から性別を判断するしかありません。文頭に C'est が置かれると、本来は発音さ

聞き取り試験 4

れない t の子音とつながってひとつづきに発音されることが多く、この聞き取り問題でも、ひとつづきに発音されています。ポイントは、c'est un [sɛtœ̃/sɛtɛ̃ セタン] と c'est une [sɛtyn セテュヌ] の音を聞きわけられるかどうかです。録音の音声では、c'est の t と une がつながって、[sɛtyn セテュヌ] と発音されています。また形容詞の bon [bɔ̃ ボン] と bonne [bɔn ボンヌ] の違いもヒントになります。ここではやはり bonne [bɔn ボンヌ] と発音されています。したがって正解は①です。

(4) Prends ton sac.「君のかばんを取って」

イラスト①にはかばんが1個、イラスト②には2個描かれています。読まれる設問文は、prends [prɑ̃ プらン] で始まり、主語がないので、動詞 prendre「取る」の tu に対する命令形だとわかります。ポイントは、かばんが単数か複数かを聞き取ることですが、つづいて ton sac [tɔ̃sak トンサック] と発音されていることから、かばんは単数であることがわかります。もし複数なら、tes sacs [tesak テサック] となるからです。「君の」という意味になる所有形容詞をおさらいしておくと、単数の男性名詞と母音で始まる単数の女性名詞の前では ton [tɔ̃ トン]、子音で始まる単数の女性名詞の前では ta [ta タ]、男性名詞、女性名詞にかかわらず複数の名詞の前では tes [te テ] となります。したがってイラスト①が正解です。

(5) Il n'y a pas de bateau.「船はありません」

Il y a un bateau.「一隻（いっせき）の船があります」という非人称表現の文が否定文になった形です。イラスト①には水平線に太陽が沈んでいく場面が、イラスト②には一隻の船が描かれています。さて本問では、bateau「船」があるのか、ないのかがポイントになります。正解は①です。

なお 練習問題1 (2)で見た通り、bateau の前の de は、不定冠詞 un が否定文で de にかわったものです。数や量が「ゼロ」であることを示す記号と考えればよく、この de の聞き取りが、ここでもまた、解答の手がかりの1つになります。

解答　(1) ②　　(2) ②　　(3) ①　　(4) ①　　(5) ①

231

練習問題 3

・フランス語の文(1)〜(5)を、それぞれ3回ずつ聞いてください。
・(1)〜(5)の文にふさわしい絵を、それぞれ①、②から選び、解答欄のその番号にマークしてください。
（メモは自由にとってかまいません）

[音声を聞く順番] ❺⓿ → ❺❶

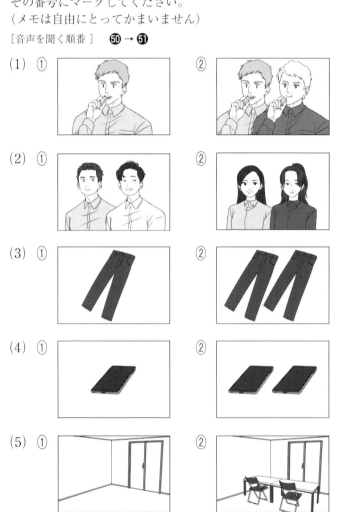

(23 春)

聞き取り試験 4

解説

(1) Il aime le fromage.「彼はチーズが好きです」

　イラストの①には男性が1人、②では2人描かれています。①の場合は文の主語は単数の il、②であれば複数の ils となります。単数の il も複数の ils も、単独での発音は同じ [il ィル] ですから、この部分だけでは主語が単数か複数かを判断することはできません。また、問題文の動詞 aimer も、3人称単数の活用形 aime と3人称複数の活用形 aiment の発音が同じ [ɛm エム] となります。ただし、この動詞は母音で始まっているため、主語の代名詞とひとつづきに発音されます。主語が単数の il であれば、il aime [ilɛm イレム] ですが、主語が複数の場合は ils aiment [ilzɛm イルゼム] となり、単独では発音されない ils の語尾 s の音が現れます。問題文の発音は前者（[ilɛm イレム]）ですから、主語は単数ということになり、①が正解です。

(2) Vous êtes chinoises ?「あなた方は中国人ですか」

　イラストの①では男性が2人、②では女性が2人描かれており、主語が男性複数なのか、それとも女性複数なのかを区別します。ポイントになるのは、「中国（人）の」という意味の形容詞 chinois(es) の語尾の音で、①の場合は chinois [ʃinwa シノワ]、②であれば chinoises [ʃinwaːz シノワーズ] と発音されることになります。ここでは後者ですから、2人の女性が描かれている②が正解です。

(3) Tu achètes ces pantalons ?「君はこれらのズボンを買うの？」

　イラストの①では1本のズボン、②では2本のズボンが描かれています。「ズボン」にあたるフランス語は、①の場合は単数の pantalon、②の場合は複数の pantalons ですが、フランス語の複数語尾 s は発音されないため、どちらも [pɑ̃talɔ̃ パンタロン] という同じ音になります。そのため、この問題では、pantalon(s) の前に置かれた指示形容詞の音を聞き取り、単数か複数かを区別しなければなりません。単数であれば ce pantalon [səpɑ̃talɔ̃ スパンタロン]、複数であれば ces pantalons [sepɑ̃talɔ̃ セパンタロン] ですが、問題文の発音は [se セ] ですから、ズボンは複数ということになり、②が正解です。

(4) Voilà mes smartphones.「ここに私のスマートフォンがあります」

　イラストの①ではスマートフォンが1つ、②では2つ描かれています。(3)と同様、smartphone(s) [smartfɔn スマるトフォヌ] の発音は単数も複数も同じ

233

仏検公式ガイドブックセレクション 4 級・5 級（2019-2023）

ですが、問題文では、「私の」という意味の所有形容詞が mes [me メ] と発音されていることから、スマートフォンは複数ということになり、②が正解であることがわかります（仮に単数なら、mon smartphone [mɔ̃smartfɔn モン スマるトフォヌ] と発音されることになります）。

⑸　Il n'y a rien dans la salle.「部屋には何もありません」
　　イラストの①では部屋に何もなく、②では机といすが描かれています。問題文は、il y a「～がある」という提示表現と、ne ... rien [nə rjɛ̃ ヌ リヤン]「何も～ない」という否定の表現を組み合わせたもので、「部屋には何もありません」という意味ですから、①が正解です。

解答　⑴ ①　　⑵ ②　　⑶ ②　　⑷ ②　　⑸ ①

234

文部科学省後援
実用フランス語技能検定試験
仏検公式ガイドブック
セレクション 4 級・5 級
（2019‐2023）

定価2,310 円（本体2,100 円＋税10％）

2025 年 4 月25日 発行

編　行　者　公益財団法人　フランス語教育振興協会
発　行　者

発行所　　　公益財団法人　フランス語教育振興協会
〒102-0073 東京都千代田区九段北 1‐8‐1 九段101ビル 6 F
電話（03）3230‐1603　FAX（03）3239‐3157
http://www.apefdapf.org

発売所　　（株）駿 河 台 出 版 社
〒101‐0062 東京都千代田区神田駿河台 3‐7
電話（03）3291‐1676（代）　FAX（03）3291‐1675
http://www.e-surugadai.com
ISBN978-4-411-90317-4　C0085　￥2100E

落丁・乱丁・不良本はお取り替えいたします。
当協会に直接お申し出ください。
（許可なしにアイデアを使用し、または転載、
複製することを禁じます）
©公益財団法人　フランス語教育振興協会
Printed in Japan

4 級・5 級の音声の聞き方

書き取り・聞き取り問題の音声の番号は以下のとおりです。

4級

01 聞き取り試験 ① 練習問題1 問題の説明
02 聞き取り試験 ① 練習問題1 フランス語の文(1)〜(4)
03 聞き取り試験 ① 練習問題2 問題の説明
04 聞き取り試験 ① 練習問題2 フランス語の文(1)〜(4)
05 聞き取り試験 ① 練習問題3 問題の説明
06 聞き取り試験 ① 練習問題3 フランス語の文(1)〜(4)
07 聞き取り試験 ② 練習問題1 問題の説明
08 聞き取り試験 ② 練習問題1 フランス語の質問(1)〜(4)
09 聞き取り試験 ② 練習問題2 問題の説明
10 聞き取り試験 ② 練習問題2 フランス語の質問(1)〜(4)
11 聞き取り試験 ② 練習問題3 問題の説明
12 聞き取り試験 ② 練習問題3 フランス語の質問(1)〜(4)
13 聞き取り試験 ③ 練習問題1 問題の説明
14 聞き取り試験 ③ 練習問題1 フランス語の文(1)〜(4)
15 聞き取り試験 ③ 練習問題2 問題の説明
16 聞き取り試験 ③ 練習問題2 フランス語の文(1)〜(4)
17 聞き取り試験 ③ 練習問題3 問題の説明
18 聞き取り試験 ③ 練習問題3 フランス語の文(1)〜(4)
19 聞き取り試験 ④ 練習問題1 レアとユゴーの会話1回目
20 聞き取り試験 ④ 練習問題1 レアとユゴーの会話2回目
21 聞き取り試験 ④ 練習問題1 レアとユゴーの会話3回目
22 聞き取り試験 ④ 練習問題2 母親と息子リュカの会話1回目
23 聞き取り試験 ④ 練習問題2 母親と息子リュカの会話2回目
24 聞き取り試験 ④ 練習問題2 母親と息子リュカの会話3回目
25 聞き取り試験 ④ 練習問題3 マリーヌとジャンの会話1回目
26 聞き取り試験 ④ 練習問題3 マリーヌとジャンの会話2回目
27 聞き取り試験 ④ 練習問題3 マリーヌとジャンの会話3回目